国家自然科学基金青年项目资助（71701057）

教育部人文社会科学研究青年基金资助（17YJC630046）

随机供需条件下装配商的
订购—定价决策模型

吉清凯　著

中国财经出版传媒集团

经济科学出版社

Economic Science Press

图书在版编目（CIP）数据

随机供需条件下装配商的订购—定价决策模型 /
吉清凯著 . —北京：经济科学出版社，2017. 12
　ISBN 978 – 7 – 5141 – 8924 – 7

　Ⅰ. ①随…　Ⅱ. ①吉…　Ⅲ. ①电子产品 – 市场需求
分析 – 研究 – 中国　Ⅳ. ①F724. 745

中国版本图书馆 CIP 数据核字（2017）第 327484 号

责任编辑：周胜婷
责任校对：靳玉环
责任印制：邱　天

随机供需条件下装配商的订购—定价决策模型

吉清凯　著

经济科学出版社出版、发行　新华书店经销

社址：北京市海淀区阜成路甲 28 号　邮编：100142

总编部电话：010 – 88191217　发行部电话：010 – 88191522

网址：www. esp. com. cn

电子邮件：esp@ esp. com. cn

天猫网店：经济科学出版社旗舰店

网址：http://jjkxcbs. tmall. com

固安华明印业有限公司印装

710 × 1000　16 开　8.5 印张　110000 字

2017 年 12 月第 1 版　2017 年 12 月第 1 次印刷

ISBN 978 – 7 – 5141 – 8924 – 7　定价：48.00 元

（图书出现印装问题，本社负责调换。电话：010 – 88191510）

（版权所有　侵权必究　举报电话：010 – 88191586

电子邮箱：dbts@ esp. com. cn）

前　　言

在竞争激烈的消费类电子产品制造业中，产品生命周期缩短，行业利润不断下降，需求有较大随机性，上游供应风险也愈加突出，装配商的存亡与成败取决于其是否能及时推出新产品以响应市场变化，并尽可能匹配供应与需求。因此，装配商的订购与定价决策对于其生存与发展起着至关重要的作用。

消费类电子产品由成百上千种零部件组成，具有一定时尚性的新产品中必有新的定制零部件，此类定制件过期不可用，并且此类定制件的工艺设计往往也较为独特，生产难度极高，供应量往往存在随机性。而由于新产品的市场需求也具有不确定性，这些定制零部件很容易出现呆滞库存或缺货的情况。因此，电子产品装配商往往处于零部件供应与产品需求均随机的复杂环境中。在这种背景下，研究随机供需下装配商的订购与定价决策优化模型对于尽可能实现供需平衡、提升企业的竞争力具有重要的现实意义。

本书研究一个生产创新型消费电子产品的装配商，针对其供应与需求均存在随机性的特点，以最大化装配商的期望利润为目标，建立关于零部件订购与最终产品定价的非线性随机规划模型，对最优零部件订购策略与最终产品定价进行分析与求解。本书的主要研究工作如下：

（1）建立随机供需下装配商的订购决策模型。首先研究仅包含两个零部件的简单系统，刻画最优的订购策略并分析随机供应的影响，在此基础上，将模型扩展到 n 个零部件以及组装决策，根据问题特性对问题进行分解处理，系统性地给出了一般装配系统中的最优订购策略与组装策略。

（2）建立装配商的零部件订购—最终产品定价联合决策模型。考虑价格依赖的需求与随机供应，在订购决策模型的基础上针对确定需求与随机需求两种情况分别建立模型。根据问题特性将 $n+1$ 维的模型进行分解和降维，得出二维的订购—定价决策优化模型，然后固定一维而求解另一维的寻优路径来求解全局最优解。

（3）设计相应的数值实验，重点考察随机供应与需求对最优订购—定价的影响。聚焦于随机供应，将产能均值的增大解释为供应商投资新的生产线或者是承诺加班加点，将产能方差降低解释为供应商加强对生产设备的预防性维护或加强对工人的培训教育以减少操作失误等，将产能均值与方差同时增大解释为供应商将业务外包给多个二级供应商，联系实际做出合理的解释并给管理者提供建议与启示。最后，以某手机厂商为例，抽象现实问题，对比本书模型方法与当前方法的优劣与适用性。

本书对随机供需条件下的订购与定价这一难题进行了

有益的探索，所建立的模型与所运用的求解方法有利于深化不确定环境下运营管理的相关理论研究，所得的最优决策结论以及相关分析将对消费类电子产品以及具有短生命周期的其他产品的生产商有较高的参考价值。

目　　录

第 1 章 绪 论

1.1 研究背景与意义

1.1.1 研究背景

供应链运作面临许多风险，除了常见的随机需求风险外，随机供应的风险也越来越凸显。据著名咨询公司 McKinsey 与 Accenture 近年的调查，对众多制造企业而言，供应风险管理已成头等大事[1]，许多企业甚至认为供应稳定性比成本控制还要重要[2]。因此，随机供应与随机需求条件下的供应链管理已成为业界与学术界共同关注的热点。其中，随机供需条件下的订购—定价决策模型是供应链管理领域的前沿研究方向之一，近年在国内外顶级期刊及会议①上时有相关的论文发表。对于许多生产创新型消费类电子产品（innovative consumer electronics，ICE，如智能手机）的装配式制造企业而言，随机供应更加常见，同时，在零部件互配性的作用下，随机供应的风险将被放大。并且，因为 ICE 产品具有生产周期长、生命周期短、热销周期短和需求不稳定的特点[3]，所以订购与定价是这类装配商生死攸关的决策，如何在随机供应与随机需求的条件下协调订购与定价，从而使得供需匹配是其迫待解决的难题。在这一背景下，随机供需条件下装配商订购—定价的决策模型研究具有重要的理论意义与实际意义。

ICE 产品往往由成百上千种零部件组成，其中涉及诸多新技术、新设计与新工艺，在生产制造过程中将不可避免地遇到诸如次品率过高、特殊材料不足、精密设备出错等许多麻烦，零部件供应商的

---

① 如《管理科学学报》、*Management Science*、*Operations Research* 与 *Production & Operations Management* 等期刊和 POMS 和 INFORMS 年会等会议。

产能因此表现出随机性，从而导致零部件与最终产品供应的随机性。例如，苹果手机 iPhone 5 曾因为其屏幕供应商在生产 in-cell 触控屏时遇到麻烦而出现缺货[4][5]，HTC One Mini 也曾因机壳短缺导致新品发布大幅延迟而错失销售良机（搜狐科技报道 http：//it.sohu.com/20130925/n387178570.shtml）。对于随机供应风险，装配商不愿用囤积库存来应对，毕竟在高新制造行业中库存呆滞的风险更高，尤其是 ICE 产品中包含许多不通用、易过时的零部件，呆滞库存意味着极大的沉没成本。因此，装配商更多地寄望于科学的零部件订购决策与产品定价决策来平衡供需。但当需求与供应都具有随机性时，定价与订购的关系变得复杂。尽管已有不少研究考虑了需求或供应随机情况下的订购与定价模型[6][7]，但其并不能完全适用于生产 ICE 产品的装配系统，仍存在有待改进之处。如以往有些研究比较局限地考虑包含两种零部件的系统，或者只假设某一个零部件的供应具有随机性；又或者预先假设订购策略的结构而寻找最优参数，对于订购与定价的最优决策本身的刻画不够充分等。因此，目前仍需在前人的基础上，针对随机供需下一般化的装配系统（指包含 n 种零部件，且每一零部件的供应都具有随机性，甚至组装阶段的产能也具有随机性的装配系统），为其中的多零部件订购决策、组装决策及最终产品定价决策建立相应的模型，刻画其最优的订购—定价策略，为装配商的管理实践提供科学的决策支持。由于本书所研究的装配系统具有多重随机性与零部件互配性，这将使得 n 种零部件订购量间的最优比例关系变得不清楚，零部件订购量与最终产品定价的交互影响也变得复杂，而组装决策的存在使得订购与定价的协调更加困难。

针对上述难题，本书建立关于零部件订购与最终产品定价的随机非线性约束规划模型，根据系统特性降低模型的维度，然后综合利用分解法、逆推法与约束极值的处理方法，刻画出最优的订购策略与定价策略，并对随机供应与需求的影响展开分析，为装配商提供科学的辅助决策工具与有益的管理启示。

1.1.2　研究意义

中国是全球消费电子产品的生产制造大国。根据赛迪顾问的《2014 年中国消费电子产业发展研究年度总报告》，最近两年，中国消费电子产业产值规模一直保持在 1 万亿元以上，已经成为推动中国经济快速发展的重要产业之一。并且，作为将民用科技发挥到极致的产业而言，消费电子产业在一定程度上代表着一个国家的平均制造水平。在 2014 年，中国消费电子产品产值已占全球产值的 57.4%，产量则占全球产量的 75.6%。其中，创新型消费类电子产品的贡献十分突出。根据美国消费电子协会的数据，单就智能手机与平板电脑而言，其销售额在全球消费电子市场中就占据了 46% 的份额，比例远高于 2011 年的 22%（腾讯科技报道 http：//tech. qq. com/a/20150106/001107. htm）。也就是说，创新型消费类电子产品已成为我国制造业的生力军之一。我国 ICE 企业正在力争上游，不断缩小与国际顶尖企业在产品上的差距，同时，供应链管理水平仍需进一步提高。面对激烈的国际竞争与增大的供应链风险，研究随机供需下装配商的订购与定价决策对于提高我国众多ICE 装配商的竞争力、保持我国制造业的蓬勃发展有重要的现实意义。

在理论层面上，本书建立了关于零部件订购与最终产品定价的非线性、带约束的随机规划模型，并结合问题特性，提出有针对性且有效的方法对模型进行分析与求解，刻画了最优的订购与定价策略，丰富了联合订购—定价的研究以及不确定环境下装配系统中运营管理的研究。

1.2　国内外相关研究工作进展综述

关于订购与定价决策，国内外已有大量经济学与管理学方面的研究。在运营管理领域，特别是以单个垄断型企业的总成本或总利润为优化目标的子领域，以往的研究主要集中于在随机需求条件下求解各种系统中的最优库存控制策略（本质也是订购策略）[8][9]以及订购—定价的最优联合策略[10]。随着外包的盛行，供应链变得越来越长，供应端的复杂性与风险与日俱增，越来越多的学者关注随机供应对订购与定价决策的影响，本书即是在随机供应与随机需求的条件下，对装配系统中装配商这一主体的订购与定价决策进行研究。

与本书紧密相关的研究可归纳为三方面：

（1）随机供需下的订购决策模型。

（2）报童框架下的订购—定价联合决策模型。

（3）装配系统的生产计划/库存控制模型。需要注意的是，尽管文献中存在"订购决策（ordering/procurement decision）"、"库存控制（inventory control）"与"生产/产量计划（production planning）"等不同措辞，但从库存水平这一指标来看，无论是订购或是生产，其本质结果都是库存水平的相应变化，也即这些模型在本质上是同类的，故本书不在概念层面对它们严格区分，但为与背景契合，本书使用"订购模型"与"订购—定价"等字眼。另外，尽管一般情况下"不确定性"的内涵比"随机性"更宽泛，但是在本书参考的所有文献中并未对二者做出严格区分，所以本书循例不对它们加以区分。

1.2.1　随机供需下的订购决策模型研究进展

在这一类模型中，一般关于随机需求的假设较为统一，即需求是一个分布已知的连续随机变量。而关于供应不确定的假设有四类[11][12]：（Ⅰ）随机产出率（random yield），这种情况下供应量等于订购量与产出率之积或之和；（Ⅱ）供应中断（disruption），这种情况下供应量等于订购量或等于零；（Ⅲ）提前期不确定（stochastic lead time），这种情况下某个周期的供应量取决于在途的订购量与随机的提前期；（Ⅳ）产能不确定（uncertain capacity），这种情况下供应量等于订购量与可用产能的最小值。

关于随机产出率的文献主要包括对不同的库存系统中最优策略的研究[13][14][15][16]和近优、启发式策略的研究[17][18]，还有对供应链中契约与协调等问题的研究[19][20][21][22]等。关于供应中断的文献主要是对应对中断风险的各种措施的研究，包括最优库存控制[25]、双采购[26][27]、后备采购[28]、产能恢复[29]、综合的应急策略[30]等。关于提前期不确定的文献主要集中于对单价或串行库存系统中最优策略的研究[33][34][35][36][37][38]。

由于本书假设供应的不确定性来源于零部件供应商的产能随机性，故本书将主要综述基于假设（Ⅳ）的相关文献，并将这些文献细分为两类。第一类关注不确定供需下的订购策略或库存控制策略，其目标是刻画与求解最优或近优的控制策略；第二类关注在某种应对措施（如双采购）下的相关决策，其目标是分析该种措施应对随机供应风险的有效性。按其目标，将第一类模型称为"寻求最优或近优控制策略的模型"，将第二类模型称为"分析风险应对措施的模型"。

（1）寻求最优或近优控制策略的模型。

在周期盘点（periodic review）架构下，恰拉洛（Ciarallo）

等[39]最先证明对于一个的单阶库存/生产系统而言，其最优策略是依赖于随机产能分布函数的基础库存（base-stock）策略。对于类似的系统，居尔吕（Güllü）[40]预先设定系统以基础库存策略运行，寻求其最优的策略参数；伊达（Iida）[41]考虑非稳定的随机需求，给出最优策略的上下界；埃德姆和厄泽基克（Erdem & Özekici）[42]考虑服从马尔可夫链的随机环境，证明了状态依赖的基础库存策略是最优的；王和格希克（Wang & Gerchak）[43]证明在同时存在随机产能与随机产出的情况下，最优策略不再是基础库存策略，而是一种具有单一临界值结构的策略。恰拉洛与尼兰詹（Ciarallo & Niran-jan）[44]后来在恰拉洛等[39]的基础上假设随机需求与随机产能服从特殊分布，分析了分布函数参数与基础库存水平的关系。居尔吕等[45]研究确定需求与一种具有特殊分布的随机产能下的库存系统。杨（Yang）等[46][47]假设随机产能具有马尔可夫性质，研究库存与外包的控制策略和订单可被拒绝的库存系统的最优控制。藤原和康（Fujiwara & Khang）[48]假设在观测到每周期的随机产能后再做出订购决策，证明了单阶库存系统中某种短视（myopic）策略的最优性；刘（Liu）等[49]基于前景理论（prospect theory），刻画了决策者为损失规避（loss-averse）情形下的最优策略。

在经典报童问题（newsvendor problem）框架下（即单周期模型），达达（Dada）等[50]假设随机产能受订购量的影响，研究面对多个供应商的报童订购问题以及隐含的供应商选择问题；吴（Wu）等[51]假设决策者为风险规避（risk-averse）的，采用VaR（value-at-risk）与CVaR（conditional VaR）两种度量标准，对比风险规避与风险中性下报童模型中最优订购量的变化。萨延（Sayın）等[52]与奥基艾（Okyay）等[53]均假设不确定的供应和需求与证券市场相关，决策最优的订购量与证券投资组合。奥基艾等[54]假设随机供应与随机需求相关，刻画了相应的最优订购量。李（Li）等[55]假设外生的市场价格依赖于产能，比较此时的最优订购量与传统报童问题中的最优订购量。

以上模型均考虑单阶的库存系统，博拉普拉加达（Bollapraga-da）等[56]则考虑一个有服务水平约束的二级库存系统，预设其以基础库存策略运行，寻求最优参数。黄和辛格（Hwang & Singh）[57]研究一个每一层级上的产能都不确定、每一层级都有启动成本的多级系统，证明单周期下该系统的最优策略由各级对应的二临界值策略环环相扣构成。胡（Hu）等[58]研究有两个生产基地的制造商的生产与转运最优控制策略。

在连续盘点（continuous review）架构下，王和格希克[59]给出经济订购量（economic order quantity，EOQ）模型与重订购点（re-order point）模型的在不确定供需下的最优解，哈里加和阿瓦瑞（Hariga & Haouari）[60]做了类似的工作并考虑具体分布函数下的一些最优解性质。在其基础上，埃德姆等[61]研究包含多个供应商的EOQ模型，而这些供应商都具有随机产能。穆恩（Moon）等[62]则同时考虑随机产能与随机产出率下的多产品 EOQ 模型与（Q，r）模型。

（2）分析风险应对措施的模型。

这类模型一般在单周期的架构下展开，分析不同措施在应对随机供应风险上的有效性。王（Wang）等[63]研究零售商面对两个具有随机产能的供应商时的订购问题，对比双采购与流程改进（process improvement，能随机地提高供应商产能）两种战略对缓和供应风险的优劣。在类似背景下，钱佳与骆建文[64]假设零售商面对产能不确定的主要供应商与产能充沛的后备供应商，研究订购量的分配以及对主要供应商的支持投入（如流程改进与知识输入等）水平的决策。贾因和西尔弗（Jain & Silver）[65]假设零售商在订购的同时可向供应商溢价预约产能，证明最优预约水平在零与最优订购量之间。巴比奇（Babich）[66]假设供应商的产能依赖于其离破产的"距离"（这一距离由供应商的财政状态、领取的财政补贴（financial subsidies）以及一个马尔可夫式过程决定），分析制造商的最优订购与对供应商的财政补贴策略。斯廷和胡赫策迈尔（Sting & Huchzermeier）[67]假设决策者首先进行产能投资，而待观察到供应商的随机产能后再进行物品订购，研究在关联的（correlated）随机供需性下所谓运作性对冲（operational hedging）的投资策略与分散（diversification）的投资策略。库韦利斯和米尔纳（Kouvelis & Milner）[68]假设制造商外包其非核心业务给具有随机产能的供应商，研究在需求与供应不确定情况下制造商的核心产能与非核心产能的投资决策；其模型虽是多周期的，但在其假设下将退化为单周期模型。有一些学者研究响应式定价（responsive pricing，即待观测到实际供应量甚至实际需求后再定价的策略）在应对供应风险上的有效性与具体影响程度[69][70][71][72]；假设多个供应商的随机产能具有关联性，李等人[73]研究响应式定价对零售商的分散订购决策的影响，随后，李等人[74]还研究分散策略（即多源采购）与响应式定价策略在应对供应风险时的互补性与替代性。

综上所述，可见供应链中供应不确定这一因素已获得广泛关注，学者们主要围绕着系统结构特征与决策者风险感知偏好两大方面，针对最优/近优策略与风险应对方法构建了许多模型，为后续研究建立了基础。基于这些模型提出的管理启示也有益于管理实践的开展。以上研究与本书同样是在集中决策模式（centralized decision-making）下展开的，关于随机供应下分散决策（decentralized decision-making，也即博弈模型）的研究可参考闫和王（Yan & Wang）[75]，未来也应该出现更多分散决策下围绕供应不确定这一因素的模型研究。

1.2.2 报童框架下的订购—定价联合决策模型研究进展

关于订购—定价决策有大量模型，为使综述具有针对性，本小节主要综述在随机且价格依赖（price-dependent）的需求下订购与定价同时决策的报童类或单周期模型。

威汀（Whitin）[76]最先对订购与定价两种决策综合考虑，给出服从均匀分布的随机需求下的最优联合决策的必要条件。之后，米尔斯（Mills）[77]证明在加式随机需求下，最优价格将小于等于确定需求模型中的最优价格。而卡林和卡尔（Karlin & Carr）[78]证明在乘式随机需求下结论刚好相反。扎贝尔（Zabel）[79]在卡林和卡尔[78]的基础上考虑一般的凸成本函数，并假设初始库存非零，给出关于最优解存在与唯一性的充分或必要条件，但其结论仍主要指向指数分布与均匀分布这两种特殊分布。在乘式或加式需求下，扬（Young）[80]将解的唯一性条件扩展到对数正态分布或 PF_2 系列分布中，并证明当需求的变异系数是价格的非增函数时，最优价格比确定需求时的最优价格高，而当需求的方差是价格的非增函数时关系，结果相反。波拉托格卢（Polatoglu）[81]不限定随机需求是否为乘式或加式，证明当期望需求为价格的单调减函数且无风险收益函数（等于价格乘以期望需求）为单峰时，给定价格时关于订购的利润函数也是单峰的。彼得鲁齐（Petruzzi）与达达[82]总结并一定程度上整合以上研究成果，证明当需求随机因素的失败率（failure ratc）函数满足一定条件时，利润函数的单峰性能够得到保证，从而最优解的特性能够根据一阶条件获得。刘玉霜等[83]在彼得鲁齐和达达[82]的基础上放松了充分条件。后来又有关于解的唯一性条件上的推广，包括：姚（Yao）等[84]证明当期望需求函数具有递增的价格弹性而需求随机因素具有严格递增的广义失败率（generalized failure rate）时，利润函数是单峰函数或拟凹函数；科贾伯耶克奥卢和波佩斯库（Kocabıyıkoğlu & Popescu）[85]特别地引入一个"缺货损失率的弹性"（lost-sales rate elasticity），证明当此弹性（是关于价格与订购量的函数）满足某些临界条件或单调性时，最优解的唯一可得到保证，张菊亮等[86]将这一方法与结论扩展到包含乘式与加式随机因素的需求这种情况中。拉斯和波蒂厄斯（Raz & Porteus）[87]考虑一般随机需求函数，其基于实证研究利用离散化的需求分位数（fractile）来逼近、代替连续需求，并基于此提出一种新的刻画最优解的方法。

以上研究都是在经典的报童模型框架下展开，围绕最优订购与定价决策的存在性与唯一性的关键问题，从随机需求的不同形式这一角度分析随机需求的影响。后来李和阿特金森（Atkins）[88]考虑不同决策形式（集中与分散）、不同决策时间点（观察到需求信息前与后）下的最优决策，探讨协调订购与定价决策的作用与信息的价值，而许（Xu）等[89]从随机占优（stochastic dominance）的角度补充了需求一阶随机变动与二阶随机变动对最优解与利润的影响。还有许多学者从以下多种角度进行了扩展研究。

（1）风险偏好：阿格拉沃尔和色沙德利（Agrawal & Seshadri）[90]研究风险规避的报童模型，发现风险规避的影响取决于随机需求是乘式或加式的。陈（Chen）等[91]在某种意义上将阿格拉沃尔和色沙德利[90]的模型扩展到了多周期的情况。与上述二者所用的效用函数不同，陈等[92]按 CVaR 风险度量估值标准来进行研究，戴和孟（Dai & Meng）[93]进一步纳入营销水平决策，证明最优价格居然不受营销水平的影响。除了针对随机需求这种风险，卡扎和韦伯斯特（Kazaz & Webster）[7][94]研究在面对随机供应这类风险时风险中性与风险规避的决策者的不同选择。伊斯坎德尔扎德（Eskandarzadeh）等[95]在 CVaR 标准下做了类似的分析。

（2）随机产出率：许和陆（Xu & Lu）[96]假设不足的供应总能从现货市场中补足，分析在内部生产与外部订购的不同成本结构下随机产出对订购/生产与定价最优决策以及利润的影响，唐和殷（Tang & Yin）[69]证明在随机产出下响应式定价优于非响应式定价（即同时做出订购与定价决策），唐等人[72]进一步考虑随机需求，扩展了唐和殷[69]的结论。苏蒂（Surti）等[71]给出在随机产出与随机需求下最优订购量与最优价格（包括响应式定价与非响应式定价）的算法。

（3）多产品：伯奇（Birge）等[97]研究两种可替代产品的产能投入（等同于产量计划）与定价决策，艾丁（Aydin）与波蒂厄斯[98]研究对一系列产品组合（assortment）的库存—定价问题，假设仅考虑库存成本，给出了关于最优解的充分必要一阶条件。马达赫和比什（Maddah & Bish）[99]除了库存与定价决策外，还考虑产品组合的选择。石（Shi）等[100]同样研究多产品中的订购—定价问题，给出一个拉格朗日式的启发式算法。

其他方面的扩展模型包括：陈与贝尔（Bell）[101]和张霖霖与姚忠[102]考虑退货的情况，塞雷尔（Serel）[103]考虑紧急采购的情况，胡佳（Khouja）[104]考虑剩货可打折继续销售的情况，雅默内格和基施卡（Jammernegg & Kischka）[105]考虑服务水平约束或损失约束，邓和矢野（Deng & Yano）[106]考虑产能与启动成本的约束，等等。

关于多周期下的订购—定价模型（或库存控制—动态定价模型），大部分的研究都聚焦于刻画最优控制策略的结构，且主要证明了一个重要结论，即在多种不同的模型假设下，最优策略往往具有 $(s, S, \mathbf{p})$ 的结构[107][108][109][110]，其含义是订购量或库存量按 (s, S) 策略来控制（即若初始库存水平低于 s，则订购使得库存水平到达 S，否则不订购），而 $\mathbf{p}$ 是关于初始库存水平的非增函数。相关的综述文献还有很多[6][111][112][113]。

可见，订购与定价联合决策已获得学者们的许多关注，最初学者们在报童模型框架内围绕刻画解析最优解这一关键问题展开了一系列研究，在此基础上，其从随机需求、随机产出、多产品与风险偏好等角度对模型进行了扩展，得了一些新的发现。之后，对多周期下的订购—定价模型的研究也取得了重要的突破。未来的一个重要研究方向应该是多周期订购—定价的相关算法研究。

1.2.3　装配系统的生产计划/库存控制模型研究进展

随机需求下装配系统的生产计划/库存控制模型研究始于 20 世纪 80 年代，施密特和纳米亚斯（Schmidt & Nahmias）[114]最先研究一个两阶段的装配系统中零部件订购与最终产品组装的最优控制策略。罗斯林（Rosling）[115]在其基础上将模型扩展，考虑具有多阶段、固定提前期的纯装配系统，证明在初始库存水平满足某些弱条件下，该装配系统可被重构为一个串行系统（series/serial system），从而其最优库存控制可用克拉克和斯卡夫（Clark & Scarf）[116]提出的经典方法来求解。陈和郑（Chen & Zheng）[117]随后将罗斯林的结论扩展到连续盘点的情况，德戈和菲舍斯（de Kok & Visschers）[118]利用陈和郑的方法研究多产品装配系统中的启发式算法，德克鲁瓦和齐普金（Decroix & Zipkin）[119]扩展罗斯林的模型，考虑零部件与最终产品存在退货的情况，而安杰勒斯（Angelus）与波蒂厄斯[120]扩展罗斯林的模型，考虑非平稳、马尔可夫模块化的随机需求与模型参数。在固定有限产能约束下，胡和亚纳吉拉曼（Huh & Jana-kiraman）[121]分析基本库存策略下不同成本函数的凸性，安杰勒斯与朱（Zhu）[122]分析有限周期盘点装配系统的最优表现（optimal be-haviors），相关的最优控制策略被证明极其复杂且仍有待进一步研究。

在解决了随机需求下装配系统的生产计划/库存控制问题后，越来越多学者关注各种随机供应条件下装配系统的最优生产计划/库存控制策略。其中，姚[16]最先研究一个单周期、确定需求、随机产出率下的装配系统；在随机需求下，格希克等[13]研究单周期下零部件生产与最终产品组装都具有随机产出率的系统；古尔纳尼（Gurnani）等[123]研究单周期和二周期下包含两个零部件的系统，并考虑零部件随机供应量与随机提前期；博拉普拉加达等[124]考虑零部件的随机产能，假定系统按基础库存策略运行，以一个稳态时的库存成本函数作为目标函数，寻找最优的策略参数；博拉普拉加达等[125]利用数值实验分析提前期与随机产能对装配系统的影响；德克鲁瓦[25]刻画了零部件供应中断与固定提前期下的最优策略；潘和徐（Pan & So)[126]研究包含两个零部件的系统，假设某个零部件具有随机产出，刻画联合订购与定价最优策略。

以上模型中考虑的都是纯装配系统（pure assembly system，指仅有一个最终产品且仅该最终产品具有市场需求的装配系统）与按库存装配系统（assemble-to-stock system，ATS），随着一些产业界的成功实践（如个人电脑制造商戴尔的大规模定制），按订单装配系统（assemble-to-order system，ATO）进入学术界的视野并获得广泛关注。

在 ATO 系统中，往往存在不止一种最终产品，而是可根据订单需求来组装不同种别且具有一定通用性的零部件而得到多类产品。因此，与 ATS 系统中单纯专注于各阶段库存水平的控制不同，在 ATO 系统中需要考虑如下两个特别的问题：一是面对多产品、多类型需求时零部件库存的分配策略问题[127][128][129]及相应的需求管理问题[130][131]；二是组装能力的限制下的预组装量与零部件库存控制的协调问题[132][133]。此外，在随机供应这方面，学者们关于随机提前期做了许多的研究，如朱（Chu）等[134]、姚与西姆奇－莱维

（Simchi-Levi）[135]、宋（Song）等[136]。由于本书研究的系统不是
ATO系统，在此不再对大量的相关文献一一叙述，相关综述可参见
宋和齐普金[137]的重要综述文章。

另外，以"不确定产能"与"订购—定价联合决策"这两点为
参照，与本书紧密相关的研究ATO系统的文章主要有：肖勇波
等[138][139]研究了装配产能不确定下ATO系统中关于预装配量、零部
件预存量以及追加装配量的单周期二阶段决策模型，并考虑了外包
决策；欧赫（Oh）等[140]与冯（Feng）等[141]研究ATO系统中随机
需求下的订购与定价联合决策。

1.2.4　国内外相关研究小结

综上所述，国内外学者在随机供需下的订购决策模型、订
购—定价联合决策模型与装配系统的生产计划/库存控制模型三方
面开展了众多研究，成果丰硕，为后续同类研究提供了基础与依
据。但是，前两方面的研究中所涉及的生产/库存系统大多是单级
或串行系统，对于具有更复杂结构的系统如装配系统的研究仍有
不足。由于装配系统不同于一般系统，多个互补的零部件间的匹
配以及它们相互影响的随机产能使得订购与定价的决策都将变得
更加困难。而第三方面关于装配系统的研究在考虑随机供应时主
要从随机产出率与随机提前期的角度切入，这两个因素与本书考
虑的随机产能对供应量有着不同的影响，从而相应的模型与结论
都有较大的区别。

具体而言，关于随机供需下装配系统中的订购决策模型研究，
博拉普拉加达等[124]假定装配系统按基础库存策略运行，寻找最优
的策略参数，博拉普拉加达等[125]利用数值实验分析提前期与随机
产能对装配系统的影响，与这两篇文献不同，本书将直接刻画出最

优的订购策略；肖勇波等[138][139]研究组装产能不确定下装配商的生产与外包决策，与之不同，本书将研究零部件产能与组装产能均不确定下装配商的零部件订购与组装决策。

关于随机供需下装配系统中的订购—定价联合决策模型研究，潘和徐[126]考虑一个包含 2 种零部件的装配系统，假设某种零部件具有随机产出，尝试刻画联合订购与定价最优决策，但在随机需求的情况下，其未能给出封闭解（close-form solution）。欧赫等[140]与冯等[141]研究 ATO 系统中订购与定价联合决策，但与本书所考虑的情况不同，它们的焦点并不在于随机供需对订购定价决策的影响。本书将研究一个包含 n 种零部件的装配系统，并假设所有零部件都具有随机产能，以刻画联合订购与定价最优决策。

总而言之，对于随机供需下装配系统中最优订购与最优定价的问题，需要开展新的研究以建立相应的分析模型并提出有益的管理启示与工具。

1.3　研究思路与研究内容

1.3.1　研究思路

随机供需下装配商的订购与定价联合决策属于一类包含多重决策变量的随机规划问题。为求解这一难题并对装配商的订购与定价关键决策提供科学指导，本书采用如下思路进行研究：首先研究随机供需下包含 2 种零部件的系统中的零部件订购问题，然后在此基础上研究随机供需下包含 n 种零部件的系统中的零部件订购与组装问题，最后求解零部件订购与最终产品定价的联合决策问题。在刻画出最优订购与定价联合决策后，通过数值分析与模型算例验证提出相应的管理启示，为随机供需下装配商的管理决策提供指导。研究思路可总结如图 1.1 所示。

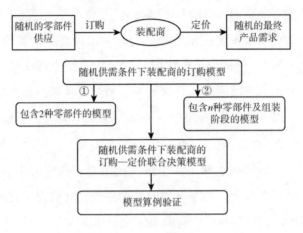

图 1.1　研究思路

1.3.2　研究内容

通过对国内外相关研究现状的综述分析，综合考虑现有研究存在的优缺点，构建随机供需条件下装配商的订购决策模型与订购—定价联合决策模型，根据所考虑系统的特性，创新性地提出一种分解降维的方法以逐步刻画出最优的订购策略与订购—定价策略，为不确定环境下装配系统中的订购与定价决策模型研究做出理论贡献。

为实现上述研究目标，本书的具体内容如下：

（1）随机供需下装配商的订购—定价问题的界定与决策过程分析。

对随机供需下装配商的零部件订购与最终产品定价决策问题进行界定，然后对其决策过程进行分析。

（2）随机供需下装配商的订购策略。

根据问题特征与求解难点，先不考虑最终产品的定价，只研究随机供需下装配商的零部件订购问题，刻画出最优订购策略，为下一步研究订购—定价联合优化奠定基础。

（3）随机供需下装配商的订购—定价联合决策。

在上述研究内容的基础上，首先研究随机供应—确定需求情况下装配商的订购—定价联合决策，再考虑供需均随机的一般情况，最终得出装配商零部件订购与最终产品定价的最优联合策略，并通过灵敏度分析对随机供需的影响做进一步的探讨。

（4）模型算例验证。

基于上述理论研究，结合某手机制造商的管理实践，生成算例验证本书模型，对比现实中常用的订购与定价方法与本书方法，得出管理启示，为装配商提供借鉴。

（5）本书的具体篇章结构。

第 1 章绪论：提出问题，对相关研究进行综述，分析现有相关研究的优缺点，在此基础上明确本书的研究内容与研究思路。

第 2 章随机供需条件下装配商订购—定价问题的界定及其决策过程分析：对问题进行界定，提出模型假设，分析决策过程，为后续的模型构建与求解奠定基础。

第 3 章随机供需条件下装配商的订购决策模型：为便于最终刻画订购—定价联合策略，首先构建价格给定时装配商的订购决策模型，刻画出最优订购策略。

第 4 章随机供需条件下装配商的订购—定价联合决策模型：在第 3 章的基础上构建装配商的订购—定价联合决策模型，最终刻画出最优订购—定价联合策略。

第 5 章模型的算例验证：通过算例分析，与常用方法展开对比以验证本书模型的适用性与有效性。

第 6 章结论与展望：总结全书的研究工作，并着重阐述本书的创新之处，对下一步研究工作做出展望。

第 2 章　随机供需条件下装配商订购—定价
问题的界定及其决策过程分析

2.1　问题界定

本书考虑一个生产创新型消费电子产品（或具有短生命周期的高科技产品）的装配商，在某个即将来临的消费季度之前，它需要订购 n 种零部件并将匹配的零部件组装成最终产品进行销售。假设每种零部件各由一个独立的零部件供应商供应，并且假设每一件最终产品由各一件 n 种零部件组成。本书不考虑多源采购的情况（包括后备采购或从开放市场上购买）。装配商面临着随机供应与随机需求的风险，涉及的决策变量包括各个零部件的订购量、最终产品组装量以及最终产品的销售价格。

下面进一步细化问题描述，提出并解释模型的基本假设，以更清楚地界定问题。

2.1.1　随机需求与随机供应

关于随机需求，本书采用乘式需求函数 $D_\times(p, \epsilon) = y(p) \times \epsilon$ 来描述。其中 $y(p)$ 是关于 p 的连续、严格单调减函数，ϵ 代表不可控的市场随机因素。假设信息 $y(p)$ 与 ϵ 都可通过一些需求预测方法得知（如针对短生命周期产品的基于扩散模型的方法[142]）。文献中[143]也常见另一种加式需求函数：$D_+(p, \epsilon) = y(p) + \epsilon$。对于乘式需求，其期望为 $E[D_\times] = y(p)E[\epsilon]$，方差为 $VAR[D_\times] = [y(p)]^2 VAR[\epsilon]$。对于加式需求，其期望为 $E[D_+] = y(p) + E[\epsilon]$，其方差为 $VAR[D_+] = VAR[\epsilon]$。可见，价格越高时乘式需求方差越小，而加式需求方差不变。对于创新型消费电子产品而言，价格越高往往意味着配置越高、性能越高，这样的高端产品往往市场细分更加聚焦，其面向的消费群体也比较明确，其价格越高时需求反倒更稳定。从这一角度而言，乘式需求函数比加式需求函数更适合用来表示创新型消费电子产品的随机需求。因此，本书只采用乘式需求函数。但是，根据后文中的数学推导可知，本书的模型与方法均可扩展到加式需求的情况中。

关于随机供应，本书考虑零部件供应商产能的不确定性导致的零部件供应量的不确定性。其中产能不确定性为一个广义概念，其具体可能包括设备停机、设备维修、原材料不足、次品返工、操作失误等原因导致的生产计划偏差。在创新型消费类电子产品的生产中，由于产品设计的复杂性与工程技术上的困难（以智能手机为例，当消费者与厂家都追求超薄与高性能时，涉及 500 多个零部件的工艺将变得越来越复杂），生产计划偏差将更频繁地发生，其结果是产能不确定性更加凸显。

具体而言，本书假设零部件供应商 $i = 1, \cdots, n$ 的产能 K_i 为随机变量，其累积分布函数与概率分布函数分别为 $F_i(\,\cdot\,)$ 与 $f_i(\,\cdot\,)$，支撑集为 $(0, \infty)$，记 $\bar{F}_i(\,\cdot\,) \equiv 1 - F_i(\,\cdot\,)$。假设这些函数已根据统计方法与可靠性工程（reliability engineering）中的方法获得[144]，并且装配商能够获知这些产能信息。假设 $K_i(i = 1, \cdots, n)$ 相互独立，并且 K_i 与供应商的计划产量独立，即产能不受计划产量影响。令 u_i 表示装配商对零部件 i 的订购量，q_i 表示供应商 i 的计划产量，则零部件 i 的实际产量为 $\min\{q_i, K_i\}$，而其供应量为 $\min\{q_i, u_i, K_i\}$，以下可证明供应商将严格按照装配商的订购量来计划产量，即 $q_i^* = u_i$。

对供应商 i 而言，在接到订单 u_i 后，其以最大化其期望利润 $\pi_i(q_i | u_i) = w_i \min\{q_i, u_i, K_i\} - c_i \min\{q_i, K_i\}$ 为目标来计划产量 q_i。其中，w_i 为零部件 i 的批发单价，c_i 为生产成本，为保证供应商有利可图，显然应有 $c_i < w_i$。因为当 $q_i > u_i$ 时，$\pi_i'(q_i) = -c_i \bar{F}_i(q_i) <$

0，故供应商 i 的最优计划产量 $q_i^* \leqslant u_i$；而当 $q_i \leqslant u_i$ 时，$\pi_i'(q_i) = (w_i - c_i)\bar{F}_i(q_i) > 0$，所以应有 $q_i^* = u_i$。因此，零部件 i 的实际供应量为 $\min\{u_i, K_i\}$，或简记为 $u_i \wedge K_i$。

本书假设装配商的组装产能 K_0 也是不确定的，即当装配商计划组装 u_0 件最终产品时，其实际组装量只有 $u_0 \wedge K_0$。同样，假设 K_0 独立于 $u_i(i = 0, 1, \cdots, n)$。记 K_0 的累积分布函数与概率分布函数分别为 $F_0(\cdot)$ 与 $f_0(\cdot)$，支撑集为 $(0, \infty)$，记 $\bar{F}_0(\cdot) \equiv 1 - F_0(\cdot)$。

2.1.2　事件发生顺序

基于以上问题描述与定义，可以给出事件发生顺序如下：

（1）装配商进行需求预测与评估供应商的供货能力。

（2）装配商确定最终产品在销售季内的售价，此价格在该季度内不可更改。

（3）装配商确定各零部件的订购量并发送订单给各供应商。

（4）各供应商收到订单后组织生产，但由于其产能的不确定性，各供应商最后交付装配商的零部件数量可能少于订购量。

（5）装配商收到实际交付的零部件后，计划匹配零部件的组装量，但由于装配商的组装产能也是不确定的，因此最后组装成功的产品数量可能少于计划量。

（6）装配商按已公布售价销售最终产品，计算收益和成本。

具体如图 2.1 所示。

其中，时间轴上方的事件由装配商主导，下方的事件由供应商主导。以上事件发生在一个周期内，此周期包含产品热销的季度及前期生产准备时间。尽管现实中在热销季度过后产品仍能够继续销售，但对于创新型消费类电子产品而言，热销季度后的利润空间较

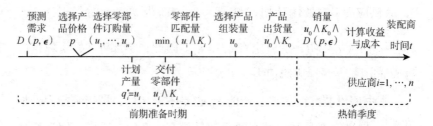

图 2.1　事件发生顺序

小，并且定价变为市场主导，因此，本书使用单周期模型来研究装配商的订购与定价决策。另外，假设供应商 i 只接收到订单 u_i，无法观察到其他订单信息。

2.1.3　成本参数与目标函数

本书涉及的成本参数的定义及解释如下：

w_i——单位零部件购买成本，装配商按实际交货量支付 $w_i \min\{u_i, K_i\}$ 给供应商，$i = 1, \cdots, n$，同时供应商不需要为少送货 $u_i - \min\{u_i, K_i\}$ 单位而被惩罚。

c_0——单位组装成本，装配商承担实际组装量的相应成本 $c_0 \min\{u_0, K_0\}$。

h_i——单位零部件 $i = 1, \cdots, n$ 或最终产品（以下标 0 标识）的处置成本，$-h_i$ 也能代表物品 i 的残值，要求 $w_i > -h_i$，$i = 1, \cdots, n$，意指零部件 i 的残值应低于其购入价格。

b——最终产品的单位缺货惩罚成本，要求 $b > \sum_{i=1}^{n} w_i$，意指产品的缺货惩罚成本大于其购入成本。

另外，要求 $h_0 + c_0 > \sum_{i=1}^{n} h_i > c_0 - b$，意指组装产品需要额外的资金投入（第一个不等式），但是装配商愿意组装产品以避免缺货惩罚成本（第二个不等式）。

假设装配商为风险中性，其目标为最大化单周期内的期望利润函数。对于周期内的第二阶段（即组装阶段），装配商在收到零部件实际供应量后，做出组装计划量的决策 u_0。给定价格 p 与零部件的实际送货量 $u_i \wedge K_i$，k_i 为 K_i 的实现值，$i = 1, \cdots, n$，装配商第二阶段的目标函数为：

$$\max_{u_0} \pi(u_0) = p[\text{销量}(u_0)] - c_0(u_0 \wedge K_0) - h_0[\text{产品余量}(u_0)]$$
$$- b[\text{缺货量}(u_0)] - \sum_{i=1}^{n} h_i[\text{零部件}\, i\, \text{余量}(u_0)]$$
$$\text{s. t.} \quad u_0 \leqslant \text{零部件匹配量} \min_i\{u_i \wedge K_i\}$$

令 $u_0^* = (u_1 \wedge K_1, \cdots, u_n \wedge K_n, p)$ 表示给定价格 p 与零部件实际送货量 $u_i \wedge K_i$（$i = 1, \cdots, n$）时装配商的最优组装计划量，则装配商在周期内的目标可写为：

$$\max_{u_1, \cdots, u_n, p} \prod (u_1, \cdots, u_n, p) = E\big[\pi(u_0^*(u_1 \wedge K_1, \cdots, u_n \wedge K_n, p))$$
$$- \sum_{i=1}^{n} w_i(u_i \wedge K_i)\big]$$

2.2　决策过程分析

如上所述，本书考虑的是供应与需求随机条件下的装配系统。已有不少学者对随机条件下装配系统的订购与定价模型进行了研究，本书在以往研究的基础上，针对生产创新型消费类电子产品的装配商，同时考虑零部件供应产能的随机性与最终产品需求的随机性，刻画最优的零部件订购与组装决策及最终产品定价决策，为装配商进行供需匹配、最大化其期望利润提供决策支持。

2.2.1　决策过程中遇到的问题

本书考虑的系统主要具有多重随机性与零部件互配性两个特点。

如图 2.2 中的决策过程分析所示，这两个特点给零部件订购和最终产品定价等决策带来如下问题。

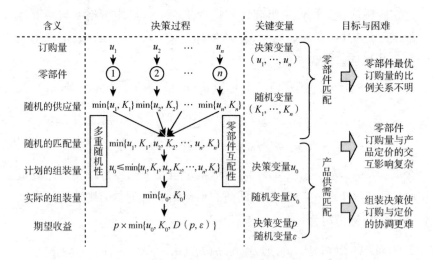

图 2.2　决策过程分析

（1）n 种零部件的订购量之间的最优比例关系不明。

因为零部件不匹配即意味着浪费，所以装配商希望零部件一一匹配。但是，由于存在供应产能随机性，每种零部件的供应数量都是不确定的，零部件不相匹配的情况难以避免。在这种情况下，装配商应按何种比例订购零部件？是否应忽视产能随机性而等比例地订购零部件？还是根据产能分布来计算期望值、按等比例的期望送货量来订购？抑或这两种方式都不是最优的？另外，当存在初始零部件库存时，是否有些零部件不需要再订购？哪些零部件又应该订购？当存在 n 种零部件时，订购决策显得非常困难。

（2）零部件订购量与最终产品定价的交互影响十分复杂。

因为零部件的供应量是关于订购量与随机产能的函数，所以最终产品的供应量是关于 n 种零部件的订购量与其随机产能的复杂函数。而最终产品的需求是其价格与市场随机干扰因素的函数。为使其利润最大化，装配商要使最终产品的供应与需求尽量趋于平衡，这要求其在进行零部件订购与最终产品定价时考虑二者的交互影响，但零部件供应随机性与最终产品需求随机性的同时存在使得订购与定价的交互影响变得十分复杂，供应与需求的平衡变得更加困难。

（3）组装决策的存在使得订购与定价的协调更困难。

在装配商决定零部件订购量与最终产品价格后，装配商将收到各零部件的实际送货量，此时在组装产能随机的情况下，其继续决定应该组装多少最终产品。因为此时送货量已获知，价格已给定，所以装配商的组装量决策问题本质上是随机（组装）产能条件下的报童问题。此时经典报童问题的最优解是否仍为最优？随机组装产能对其会产生什么影响？更重要的是，在由订购—定价与产品组装构成的两阶段决策过程中，由于最终产品组装量受制于零部件实际匹配量，而零部件实际匹配量依赖于第一阶段的零部件订购量决策以及零部件的随机产能，当零部件订购量过小时，将可能无法达到组装量的要求，当订购量过大时，又可能造成浪费，并且定价时也要考虑到期望需求与组装量的协调。因此，装配商应该在第一阶段的订购—定价联合决策时就考虑到了第二阶段可能的组装量决策。在多重随机变量的影响下，这将使得订购与定价的协调变得更加困难。

2.2.2　模型求解的困难

针对以上问题，在已有研究的基础上，本书为装配商建立一个单周期内关于订购、定价与组装决策的优化模型。其是一个包含两阶段决策过程、多重决策变量的非线性、带约束的随机规划模型。根据以上分析可知，在技术层面上，模型求解的困难体现在：

随机供需条件下装配商的订购—定价决策模型

（1）多重订购决策。

第一阶段中包含 n 维零部件订购决策，只有对其进行分解降维并求解后，才便于扩展模型考虑订购—定价联合决策与第二阶段的组装决策。多重供应随机性的存在使得分解降维变得困难。并且，非零初始库存意味着解空间极不规则，即使分解成功后，仍需对解空间的 n 个边界依次展开关于内点解与边界解的讨论。

（2）订购—定价联合决策。

n 个独立的零部件随机产能分布与随机需求分布一起使得装配商关于订购与价格的非线性目标函数具有不规则的性质，寻找全局最优解及关于最优解存在性与唯一性的证明变得困难。

（3）二阶段决策过程。

在求解此二阶段决策时采用逆向推导，所以在第一阶段问题的求解中将出现与第二阶段最优解对应的约束条件与随机变量，为本来就已复杂的第一阶段问题带来更大困难。

针对这些困难，本着由简至繁，逐层分解问题的思路，本书将按"订购——→订购—定价"的顺序对问题进行求解。其蕴含的逻辑是：n 个零部件意味着有 n 个订购决策变量，而最终产品定价只有一个相应的决策变量，为便于分析，首先应聚焦于给定价格时的零部件订购决策，然后根据装配系统的特性尝试将其化简，最后再研究决策变量减少了的订购与定价联合决策模型。而若先研究给定订购量给定时的定价决策，则最优价格将被刻画为 n 个订购量的函数，这时不但订购决策未得到简化，还使得联合决策模型的分析更加复杂。

在求解订购决策模型时，本书从装配系统的特征入手，证明最优订购量间的比例关系符合某种规律，基于这一规律可将多维订购决策模型分解为多个一维的订购决策模型，从而能够确定出多个局部最优解，最终通过系统地对比找出全局最优解。在求解了订购决策模型后，通过逆推法证明对于任一可行的产品价格，在订购与组装二阶段决策中，装配商的最优组装策略总是将已匹配的零部件全部组装，从而进一步简化问题。最后，综合模型特征、运用二元约束极值的相关理论，对简化了的订购—定价联合决策模型进行分析，得到关于零部件订购和产品定价的最优决策的性质，刻画出最优策略。

2.3　本章小结

本章首先概括了本书要研究的问题，然后对随机供应、随机需求、事件发生顺序、成本参数与目标函数等进行描述与界定，最后对随机供需下装配商订购—定价的决策过程进行了分析，指出本书研究系统的特点及这些特点带来的问题，针对相应的技术困难说明本书的求解思路与方法，为下文的模型求解做好铺垫。

第 3 章 随机供需条件下装配商的 订购决策模型

第 2 章对问题进行了界定并对决策过程进行了分析，指出了系统的特点及相应的困难，最后说明了研究的思路与方法。本章将依据第 2 章的分析先研究随机供需条件下装配商的订购决策模型。

由于零部件订购决策本身即已包含 n 个决策变量，并且 n 个零部件供应商的产能都是随机变量，对于最优订购策略的刻画已相当困难。因此，为了最终顺利求解订购—定价联合策略，本章将假设价格已经给定，基于系统特性利用分解降维的方法先求解出装配商的最优订购策略。在第 4 章中，本书将放松价格给定的这一假设，最终刻画出零部件订购与产品定价的联合策略。

当最终产品价格 $p \geqslant \sum_{i=1}^{n} w_i$ 给定时，依照文献中的习惯，直接用一个随机变量 D 来表示市场需求，并假设其累积分布函数与概率分布函数分别为 $Q(\cdot)$ 与 $q(\cdot)$，支撑集为 $(0, \infty)$，另记 $\bar{Q}(\cdot) \equiv 1 - Q(\cdot)$。记 $\boldsymbol{u} = (u_1, \cdots, u_n)$ 为装配商的零部件订购向量，假设零部件 i 的初始库存为 x_i，则装配商订购后拥有的零部件 i 的数量为 $A_i \equiv u_i \wedge K_i + x_i$。因此，订购后装配商最多能组装的最终产品数量为 $\min_i A_i$。令 $\Delta_i \equiv u_i + x_i \geqslant x_i$ 表示装配商的对零部件 i 的目标库存，则 A_i 可另表示为 $A_i = \Delta_i \wedge (K_i + x_i)$。因为选择订购量 $\boldsymbol{u}$ 与选择目标库存 $\Delta \equiv (\Delta_1, \cdots, \Delta_n)$ 等价，所以为便于表述，下文将根据需要随意使用 $\boldsymbol{u}$ 或 Δ 来表示零部件订购决策变量。装配商拥有的最终产品初始库存为 x_0，在订购结束且收到零部件后，装配商决定具体要组装的产品数量 $u_0 \leqslant \min_i A_i$。装配商组装完毕后所拥有的产品数量为 $u_0 \wedge K_0 + x_0$。同样，$\Delta_0 = u_0 + x_0$ 表示装配商对最终产品的目标库存，因为选择组装量 u_0 与选择目标库存 Δ_0 等价，所以为便于表述，下文将根据需要使用 u_0 或 Δ_0 来表示组装阶段的决策变量。记 $\boldsymbol{x} = (x_1, \cdots, x_n)$，不失一般性，全书假设 $x_1 \leqslant \cdots \leqslant x_n$。装配商的问题就是在产能不确定与需求随机的情况下先确定零部件的订购量 u_i，$i =$

$1, \cdots, n$，再确定组装量 u_0，以最大化其期望利润。为便于深入分析，首先研究一个包含 $n = 2$ 种零部件的系统。

3.1 包含两种零部件的订购决策模型

考虑一个包含 $n = 2$ 种零部件的系统，并且假设将这两个零部件组装成最终产品不耗费资金（即 $c_0 = 0$）且组装产能无限（即 K_0 确定且无限），装配商只需要做出零部件订购的决策。进一步假设 $x_0 = 0$，则装配商的期望利润函数为：

$$\bar{\prod}(u) = E[p(A_1 \wedge A_2 \wedge D) - \prod(u)]$$

其中 $\prod(u)$ 为成本函数：

$$
\begin{aligned}
\prod(u) &= E\Big[(h_1 + h_2)(A_1 \wedge A_2 - D)^+ + b(D - A_1 \wedge A_2)^+ \\
&\quad + \sum_{i=1}^{2}(h_i(A_i - A_1 \wedge A_2) + w_i(u_i \wedge K_i))\Big] \\
&= \Pr(A_1 \wedge A_2 > D)\big[(h_1 + h_2)(A_1 \wedge A_2 - D)\big] \\
&\quad + \Pr(A_1 \wedge A_2 \leqslant D)\big[b(D - A_1 \wedge A_2)\big] \\
&\quad + E\Big[\sum_{i=1}^{2}(h_i(A_i - A_1 \wedge A_2) + w_i(u_i \wedge K_i))\Big]
\end{aligned}
$$

$$(3.1)$$

其中 $x^+ = \max\{x, 0\}$，E 表示关于 $K_i(i = 1, 2)$ 与 D 求期望。第二个等号右边第一项是未满足需求对应的惩罚成本，第二项是未售产品的处理成本，第三项是未匹配零部件的处理成本与零部件购入成本。

将 $\bar{\prod}(u)$ 展开得：

$$
\begin{aligned}
\bar{\prod}(u) &= \Pr(A_1 \wedge A_2 \leqslant D)\big[(p + b)(A_1 \wedge A_2) - bD\big] \\
&\quad + \Pr(A_1 \wedge A_2 > D)\big[(p + h_1 + h_2)D - (h_1 + h_2)(A_1 \wedge A_2)\big]
\end{aligned}
$$

$$- \mathrm{E} \Big[\sum_{i=1}^{2} \big(h_i (A_i - A_1 \wedge A_2) + w_i (u_i \wedge K_i) \big) \Big]$$

$$= \Pr(A_1 \wedge A_2 \leqslant D) \big[(p + b)(A_1 \wedge A_2 - D) \big]$$

$$+ \Pr(A_1 \wedge A_2 > D) \big[(h_1 + h_2)(D - A_1 \wedge A_2) \big]$$

$$+ \Pr(A_1 \wedge A_2 \leqslant D) pD + \Pr(A_1 \wedge A_2 > D) pD$$

$$- \mathrm{E} \Big[\sum_{i=1}^{2} \big(h_i (A_i - A_1 \wedge A_2) + w_i (u_i \wedge K_i) \big) \Big]$$

$$= \Pr(A_1 \wedge A_2 \leqslant D) \big[(p + b)(A_1 \wedge A_2 - D) \big]$$

$$+ \Pr(A_1 \wedge A_2 > D) \big[(h_1 + h_2)(D - A_1 \wedge A_2) \big]$$

$$+ p\mathrm{E}[D] - \mathrm{E} \Big[\sum_{i=1}^{2} \big(h_i (A_i - A_1 \wedge A_2) + w_i (u_i \wedge K_i) \big) \Big]$$

可见，$\max \prod(\boldsymbol{u})$ 与 $\min \prod(\boldsymbol{u})$ 没有本质不同。故为简洁起见，下文以 $\min \prod(\boldsymbol{u})$ 为目标求解最优订购策略，即装配商的问题可记为：

$$\boldsymbol{P} : \min_u \prod(\boldsymbol{u}) \,\mathrm{s.\,t.}\ u_i \geqslant 0, i = 1, 2$$

以下的引理能够使装配商的问题求解变得更简单。另外再次提醒：同上面的假设，不失一般性，仍假设 $x_1 \leqslant x_2$。

引理 1：装配商的最优订购选择只可能是：（a）不订购或只订购零部件 1 且使零部件 1 的目标库存低于零部件 2 的初始库存；（b）订购两种零部件且使二者的目标库存相等。也即，$\boldsymbol{P}$ 的最优解 $\boldsymbol{u}^*$（或 Δ^*）满足（a）$\Delta_2^* = x_2 \geqslant \Delta_1^* \geqslant x_1$ 或（b）$\Delta_1^* = \Delta_2^* \geqslant x_2$。

证明：将式（3.1）展开，如图 3.1 所示，在区域 $\Delta_1 > \Delta_2$ 内，可得：

$$\prod(\boldsymbol{u}) = \bar{F}_1(u_1)\, \bar{F}_2(u_2) \big[\varphi(\Delta_2 \mid h_1 + h_2, b) + h_1(\Delta_1 - \Delta_2) \big]$$

$$+ \bar{F}_2(u_2) \Big[\int_0^{\Delta_2 - x_1} f_1(\omega) (\varphi(\omega + x_1 \mid h_1 + h_2, b)$$

$$+ h_2(\Delta_2 - x_1 - \omega)) \mathrm{d}\omega + \int_{\Delta_2 - x_1}^{u_1} f_1(\omega) (\varphi(\Delta_2 \mid h_1 + h_2, b)$$

$$+ h_1(x_1 + \omega - \Delta_2)) \mathrm{d}\omega \Big] + \bar{F}_1(u_1) \Big[\int_0^{u_2} f_2(v) (\varphi(v + x_2 \mid h_1$$

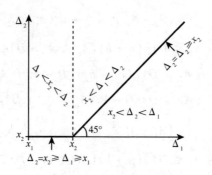

图 3.1　最优解的结构

$$+ h_2, b) + h_1(\Delta_1 - x_2 - v))\mathrm{d}v] + \int_0^{u_2} f_2(v) \int_0^{v+x_2-x_1} f_1(\omega)(\varphi(\omega$$

$$+ x_1 \mid h_1 + h_2, b) + h_2(v + x_2 - x_1 - \omega))\mathrm{d}\omega\mathrm{d}v$$

$$+ \int_0^{\Delta_2-x_1} f_1(\omega) \int_0^{\omega+x_1-x_2} f_2(v)(\varphi(v + x_2 \mid h_1 + h_2, b)$$

$$+ h_1(\omega + x_1 - v - x_2))\mathrm{d}v\mathrm{d}\omega + \int_{\Delta_2-x_1}^{u_1} f_1(\omega) \int_0^{u_2} f_2(v)(\varphi(v$$

$$+ x_2 \mid h_1 + h_2, b) + h_1(\omega + x_1 - v - x_2))\mathrm{d}v\mathrm{d}\omega$$

$$+ w_1 \int_0^{u_1} \bar{F}_1(\omega)\mathrm{d}\omega + w_2 \int_0^{u_2} \bar{F}_2(v)\mathrm{d}v$$

其中

$$\varphi(y \mid h, b) \equiv h \int_0^y (y - z)q(z)\mathrm{d}z + b \int_y^\infty (z - y)q(z)\mathrm{d}z$$

表示拥有 y 单位最终产品时相应的处置成本与缺货惩罚成本之和的
期望值。对 $\prod(\boldsymbol{u})$ 求偏导，有 $\partial\prod(\boldsymbol{u})/\partial u_1 = (h_1 + w_1)\bar{F}_1(u_1) > 0$。
即给定 Δ_2，只要有 $\Delta_1 > \Delta_2$，则装配商可通过降低 u_1 来降低成本，故
最优解应满足 $\Delta_1^* \leqslant \Delta_2^*$。同理，对区域 $\Delta_1 < \Delta_2$（其可进一步分解为
两个子区域$x_2 < \Delta_1 < \Delta_2$与$\Delta_1 < x_2 < \Delta_2$），有 $\partial\prod(\boldsymbol{u})/\partial u_2 = (h_2 + w_2)$

$\bar{F}_2(u_2) > 0$。即给定 Δ_1，只要有 $\Delta_1 < \Delta_2$，则装配商可通过降低 u_2 来
降低成本，故最优解应满足$\Delta_2^* = x_2 \geqslant \Delta_1^* \geqslant x_1$或$\Delta_1^* = \Delta_2^* \geqslant x_2$。

如图 3.1 所示，引理 1 表明最优解在解空间中只能处于：（a）横轴的粗线段上（即从原点 (x_1, x_2) 到点 (x_2, x_2)）或（b）粗直线 $\Delta_1 = \Delta_2 \geqslant x_2$ 上。除了以上的严格证明，为了更直观地理解引理 1，还可以用反证法来进行简单推导。假设最优解不是如（a）与（b）所描述的，而是处在 $x_2 < \Delta_1 < \Delta_2$ 或 $\Delta_1 < x_2 < \Delta_2$ 区域中，则装配商可以通过降低 u_2（也即 Δ_2）一点点，使得零部件匹配量期望值不发生变化而零部件 2 的期望订购成本减少一点点，这便产生了矛盾；又如果最优解是处在区域 $x_2 < \Delta_1 < \Delta_2$ 中，则装配商可以通过降低 u_1（也即 Δ_1）一点点，使得零部件匹配量期望值不发生变化而零部件 1 的期望订购成本减少一点点，同理可以得出矛盾。情况（a）对应的是零部件 2 的初始库存充足而零部件 1 的产能较低时最优解的取值，此时不需订购零部件 2。情况（b）对应的是两种零部件的初始库存均不足或其产能均较低时最优解的取值，此时应订购两种零部件且使其目标库存相等。

基于引理 1，先分别假设最优解满足 $\Delta_2^* = x_2 \geqslant \Delta_1^* \geqslant x_1$ 或 $\Delta_1^* = \Delta_2^* \geqslant x_2$，并求解相应的 P 的子问题，找到两种情况下的最优解，最后给出全局最优解。

3.1.1　不订购或只订购一种零部件的情况

在此情况下，装配商将仅订购零部件 1。将 $u_2 = 0$ 代入式（3.1），并限制 Δ_1 不大于 x_2，则装配商的成本函数变为一维的：

$$\prod_1(u_1) = \mathrm{E}\big[(h_1 + h_2)(A_1 - D)^+ + b(D - A_1)^+ $$
$$+ h_2(x_2 - A_1) + w_1(u_1 \wedge K_1)\big] \qquad (3.2)$$

此时 A_1 为订购后匹配的零部件数量，也就是最终产品的库存水平。装配商在这种情况下的子问题是：

$$P_1 : \min_{u_1} \prod_1(u_1) \text{ s.t. } 0 \leqslant u_1 \leqslant x_2 - x_1,$$

其最优解由命题 1 给出。

命题 1：$\prod_1(u_1)$ 为拟凸函数，$\boldsymbol{P}_1$ 的最优解 $\hat{u}_1^1$ 为：

$$\hat{u}_1^1 = \begin{cases} 0, & \text{if } x_1 \geqslant V \\ V - x_1, & \text{if } x_1 < V \leqslant x_2 \\ x_2 - x_1, & \text{if } x_2 < V \end{cases} \tag{3.3}$$

其中 $V = Q^{-1}[(b + h_2 - w_1)/(b + h_1 + h_2)]$。

证明：将式（3.2）展开得：

$$\begin{aligned} \prod_1(u_1) = {} & \bar{F}_1(u_1)\varphi(\Delta_1 \mid h_1 + h_2, b) + \int_0^{u_1} f_1(\omega)\varphi(\omega + x_1 \mid h_1 \\ & + h_2, b)\,\mathrm{d}\omega + h_2\Big[\bar{F}_1(u_1)(x_2 - \Delta_1) \\ & + \int_0^{u_1} f_1(\omega)(x_2 - \omega - x_1)\,\mathrm{d}\omega\Big] + w_1\int_0^{u_1}\bar{F}_1(\omega)\,\mathrm{d}\omega \end{aligned}$$

求导数得：

$$\prod_1'(u_1) = \bar{F}_1(u_1)\big[(b + h_1 + h_2)Q(\Delta_1) - b - h_2 + w_1\big]$$

因为 $\bar{F}_1(\cdot) > 0$ 且 $(b + h_1 + h_2)Q(\Delta_1) - b - h_2 + w_1$ 关于 u_1 单调递增，故 $\prod_1(u_1)$ 为拟凸函数。若 $x_1 > V$，则 $\prod_1'(0) > 0$，故 $\hat{u}_1^1 = 0$；若 $x_2 < V$，则 $\prod_1'(x_2 - x_1) < 0$，故 $\hat{u}_1^1 = x_2 - x_1$；若 $x_1 < V \leqslant x_2$，则存在唯一的 $V - x_1 \in [0, x_2 - x_1]$ 满足一阶条件，且 $\hat{u}_1^1 = V - x_1$。

命题 1 中的最优解实际上由需求分布的分位数 V 决定。换言之，当仅订购零部件 1 为最优时，装配商的最优订购决策仅受随机需求的影响，而不受随机产能的影响。这与 Ciarallo 等[39]研究的单阶段单零部件（single-stage single-item）系统中的结论呼应。下面将证明在情况（b）中随机产能对最优解有不可忽视的影响。

3.1.2 订购两种零部件的情况

在此情况下，装配商将订购两种零部件，并且使其目标库存相等。因此，将 $u_2 = \Delta_1 - x_2$ 代入式（3.1），并限制 Δ_1 不小于 x_2，则装配商的成本函数变为一维的：

$$
\begin{aligned}
\prod_2(u_1) = \mathrm{E}\big[&(h_1 + h_2)(\Delta_1 \wedge (K_1 + x_1) \wedge (K_2 + x_2) - D)^+ \\
&+ b(D - \Delta_1(K_1 + x_1) \wedge (K_2 + x_2))^+ \\
&+ \sum_{i=1}^{2}(h_i(\Delta_1 \wedge (K_i + x_i) - \Delta_1 \wedge (K_1 + x_1) \wedge (K_2 \\
&+ x_2))) + w_1(u_1 \wedge K_1) + w_2((\Delta_1 - x_2) \wedge K_2)\big]
\end{aligned}
$$

$$(3.4)$$

其中 $\Delta_1 \wedge (K_i + x_i)$ 是订购后零部件 i 的库存而 $\Delta_1 \wedge (K_1 + x_1) \wedge (K_2 + x_2)$ 是最终产品的库存。装配商在这种情况下的子问题即是：

$$\boldsymbol{P}_2 : \min_{u_1} \prod_2(u_1) \ \text{s. t.} \ u_1 \geqslant x_2 - x_1,$$

其最优解由以下命题给出。

命题 2： $\prod_2(u_1)$ 为拟凸函数，$\boldsymbol{P}_2$ 的最优解 $\hat{u}_1^2$ 为：

$$
\hat{u}_1^2 =
\begin{cases}
x_2 - x_1, & \text{if } L(x_2 - x_1) > 0 \\
\hat{u}_1, & \text{if } L(x_2 - x_1) \leqslant 0
\end{cases}
\tag{3.5}
$$

其中：

$$
L(u_1) = -(h_1 + h_2 + b)\,\bar{Q}(\Delta_1) + \frac{h_1 + w_1}{\bar{F}_2(\Delta_1 - x_2)} + \frac{h_2 + w_2}{\bar{F}_1(u_1)}
$$

$$(3.6)$$

且当 $L(x_2 - x_1) \leqslant 0$ 时，$\hat{u}_1$ 是 $L(\hat{u}_1) = 0$ 的有限且唯一的解。

证明： 展开（3.4）式得：

$$
\begin{aligned}
\prod_2(u_1) = &\bar{F}_1(u_1)\bar{F}_2(\Delta_1 - x_2)\varphi(\Delta_1 \mid h_1 + h_2, b) + \bar{F}_2(\Delta_1 - x_2) \\
&\left[\int_0^{u_1} f_1(\omega)(\varphi(\omega + x_1 \mid h_1 + h_2, b) + h_2(u_1 - \omega))\mathrm{d}\omega \right] \\
&+ \bar{F}_1(u_1)\left[\int_0^{\Delta_1 - x_2} f_2(v)(\varphi(v + x_2 \mid h_1, h_2, b) \right.
\end{aligned}
$$

$$+ h_1(\Delta_1 - x_2 - v))\mathrm{d}v] + \int_0^{\Delta_1 - x_2} f_2(v) \int_0^{v + x_2 - x_1} f_1(\omega)$$

$$(\varphi(\omega + x_1 \mid h_1 + h_2, b) + h_2(v + x_2 - x_1 - \omega))\mathrm{d}\omega \mathrm{d}v$$

$$+ \int_0^{u_1} f_1(\omega) \int_0^{\omega + x_1 - x_2} f_2(v)(\varphi(v + x_2 \mid h_1 + h_2, b)$$

$$+ h_1(\omega + x_1 - v - x_2))\mathrm{d}v\mathrm{d}\omega + w_1 \int_0^{u_1} \bar{F}_1(\omega)\mathrm{d}\omega$$

$$+ w_2 \int_0^{\Delta_1 - x_2} \bar{F}_2(v)\mathrm{d}v$$

对其求导数得：

$$\prod_2'(u_1) = \bar{F}_1(u_1)\bar{F}_2(\Delta_1 - x_2)L(u_1)$$

因为 $\bar{F}_i(\cdot) > 0$，$i = 1$，2，故 $\prod_2'$ 与 L 同号。又因为 $L(u_1)$ 单调递增，故 $\prod_2(u_1)$ 为拟凸函数。因为 $L(\infty) = \infty$，若 $L(x_2 - x_1) \leqslant 0$，则一阶条件 $L(u_1) = 0$ 有唯一解 $\hat{u}_1 \geqslant x_2 - x_1$，此时最优解为 $\hat{u}_1^2 = \hat{u}_1$；若 $L(x_2 - x_1) > 0$，则易知最优解为 $\hat{u}_1^2 = x_2 - x_1$。

与命题 1 中的最优解不同，命题 2 中的最优解确实受随机产能影响。这是因为：当需要订购两种零部件时，装配商需要考虑零部件的随机产能以协调目标库存，从而尽量避免零部件不匹配的情况。换言之，零部件间的互补性赋予零部件随机产能以负外部性，这一负外部性相互作用于两个零部件各自的生产行为，最终影响了装配商的订购决策。当仅需订购一种零部件时，这种外部性失去效力。

3.1.3　全局最优解

已知上述两种情况中对应的局部最优解为 $\hat{u}_1^1$ 与 $\hat{u}_1^2$，下面命题将给出全局最优解。

命题3：装配商的最优订购策略u^*如下：

$$u^* = \begin{cases} (0,0), & \text{if } x_1 \geq V \\ (V - x_1, 0), & \text{if } x_1 < V \leq x_2 \\ (x_2 - x_1, 0), & \text{if } x_2 - V < 0 < L(x_2 - x_1) \\ (\hat{u}_1, \hat{u}_1 + x_1 - x_2), & \text{if } L(x_2 - x_1) \leq 0 \end{cases} \quad (3.7)$$

或，等同地：

$$\Delta^* = \begin{cases} (x_1, x_2), & \text{if } x_1 \geq V \\ (V, x_2), & \text{if } x_1 < V \leq x_2 \\ (x_2, x_2), & \text{if } x_2 - V < 0 < L(x_2 - x_1) \\ (\hat{\Delta}_1, \hat{\Delta}_1), & \text{if } L(x_2 - x_1) \leq 0 \end{cases} \quad (3.8)$$

其中$\hat{\Delta}_1 = \hat{u}_1 + x_1$。

证明：给定x，若：

$$L(x_2 - x_1) = (h_1 + h_2 + b)Q(x_2) - b - h_2 + w_1 + \frac{h_2 + w_2}{\overline{F}_1(x_2 - x_1)} \leq 0 \quad (3.9)$$

则必有$x_2 \leq V$，否则会有$(h_1 + h_2 + b)Q(x_2) - b - h_2 + w_1 \geq 0$，从而产生矛盾。因此，根据式（3.3）和式（3.5），以下大小关系成立：

$$\begin{aligned} \Pi_2(\hat{u}_1^2) = \Pi_2(\hat{u}_1) &\leq \Pi_2(x_2 - x_1) \\ &= \Pi_1(x_2 - x_1) = \Pi_1(\hat{u}_1^1) \end{aligned} \quad (3.10)$$

因此，此时全局最优解为$u_1^* = \hat{u}_1^2 = \hat{u}_1$与$u_2^* = u_1^* + x_1 - x_2$。若$L(x_2 - x_1) > 0$，则可能有$x_2 \leq V$或$x_2 > V$，利用$\Pi_2(x_2 - x_1) = \Pi_1(x_2 - x_1)$比较$\min\{\Pi_2(\hat{u}_1^2), \Pi_1(\hat{u}_1^1)\}$在这两个情况下的取值，最终可得命题3。

注意到根据V与$L(\cdot)$的定义，式（3.7）中的不等式条件是相互排斥的。为更直观地理解命题3，将式（3.8）与图3.1进行对照：第一种情况对应于图3.1中的原点，第二种情况对应于横轴粗线段的内点，第三种情况对应点 (x_2, x_2)，第四种情况对应于粗直线 $\Delta_1 = \Delta_2 \geqslant x_2$ 上的点。在第一种情况下，装配商已有足够的最终产品（即 $x_1 \geqslant V$），因此不需要订购；在第二种情况下，装配商已有足够的零部件 2 $(x_2 \geqslant V)$ 但没有足够的零部件 1 $(x_1 < V)$，因此其只需要订购零部件 1 并使其目标库存为 V，此时最终产品的目标库存亦为 V；在第三种情况下，装配商两种零部件均不充足，其初始拥有的最终产品的数量仅为 $x_2 < V$，但是订购更多零部件对装配商并不利 $(L(x_2 - x_1) > 0)$，所以装配商仅需订购零部件 1 并使其目标库存等于零部件 2 的初始库存；在第四种情况下，装配商两种零部件均不充足，其初始拥有的最终产品的数量仅为 $x_2 < V$，且订购更多零部件对装配商有利 $(L(x_2 - x_1) \leqslant 0)$，所以装配商需要订购两种零部件并使其目标库存相等；在最优订购量处，其边际成本为零 $(L(\hat{u}_1) = 0)$。

当两个零部件的初始库存相等时，式（3.7）变为：

$$\boldsymbol{u}^* = \begin{cases} (0,0), & \text{if } x_1 \geqslant \bar{V} \\ (\hat{u}_1, \hat{u}_1), & \text{if } x_1 < \bar{V} \end{cases} \qquad (3.11)$$

其中 $\bar{V} = Q^{-1}\left[(b - w_1 - w_2)/(b + h_1 + h_2)\right]$。此时，尽管存在产能随机性，装配商总是订购等量的两种零部件。并且，与 $x_1 \leqslant x_2$ 的情况相比，$x_1 = x_2$ 两个零部件初始库存相等时，装配商更容易倾向于不投入生产（即给定 $x_1 \geqslant V$，总有 $x_1 \geqslant \bar{V}$）。

根据定义容易得到各参数对最优解的影响，如表 3.1 所示。

表 3.1 各参数对最优解的影响

参数	V	$L(x_2 - x_1)$	$\hat{u}_1$
$b \uparrow$	$\uparrow$	$\downarrow$	$\uparrow$
$h_1 \uparrow$	$\downarrow$	$\uparrow$	$\downarrow$

续表

参数	V	$L(x_2 - x_1)$	$\hat{u}_1$
$h_2 \uparrow$	$\uparrow$	$\uparrow$	$\downarrow$
$w_1 \uparrow$	$\downarrow$	$\uparrow$	$\downarrow$
$w_2 \uparrow$	$-$	$\uparrow$	$\downarrow$

表 3.1 说明，当惩罚成本增大时，装配商将倾向于订购更多零部件；当处置成本或购入成本增大时，装配商倾向于订购更少零部件。当只需要订购零部件 1 时（即 $x_2 \geqslant V$ 时），显然零部件 2 的购入成本是不相关的，当零部件 2 的处置成本增大时，装配商应订购更多零部件 1 以避免剩余零部件 2。

3.1.4　供需随机性对最优解的影响

为深入理解产能不确定性对最优解的影响，考虑产能"随机地变大"（见定义 1，其可以通过装配商对零部件供应商生产线的直接投资或间接投资——包括流程改进与预防性维护等——来实现），观察装配商订购策略的变化。假设 $x_1 \leqslant x_2$ 仍成立。

定义 1： 随机变量 Y 与 $\hat{Y}$ 的累积分布函数分别为 $G(\cdot)$ 与 $\hat{G}(\cdot)$，若 $\forall y$，都有 $G(y) \geqslant \hat{G}(y)$，则称 $\hat{Y}$ 随机大于 Y。

基于以上定义与式（3.7）中的最优解，可得以下推论。

推论 1： 若零部件 2 的初始库存大于等于 V（$x_2 \geqslant V$），则其最优订购策略完全不受随机产能的影响。

推论 1 表明，存在一个只由成本参数与需求分布决定的值 V，只要零部件 2 的初始库存大于这一值，则装配商在订购时不需要考虑产能的随机性。事实上，当只需要订购零部件 1 时，装配商的最优订购策略就不受随机产能的影响。零部件 2 未被订购，所以其随机产能对订购策略不产生影响是容易理解的，但零部件 1

的产能随机性对装配商的最优订购策略没有影响让人出乎意料。这是因为：当仅订购零部件 1 时，显然零部件 2 的产能对零部件 1 的订购没有影响，同样零部件 1 的产能对零部件 2 的订购也没有影响；至于零部件 1 的产能对其自身订购的影响，如恰拉洛等[39]所述，此时装配商只能希望产能充足以能满足由需求分布与成本参数决定的最优订购量，也就是对于单物品的订购决策而言，随机产能没有影响。

推论 2：若零部件 2 的初始库存小于 V，则增大零部件 1 的产能使得装配商更倾向订购两种零部件，而增大零部件 2 的产能不改变装配商的倾向。换言之，若 $x_2 < V$，当 K_1 随机增大时，$L(x_2 - x_1) \leq 0$ 更可能成立，而当 K_2 随机增大时，$L(x_2 - x_1)$ 不受影响。

推论 2 可由式（3.6）轻易得证，其含义是：当零部件 2 的初始库存小于 V 时，装配商只愿订购零部件 1 而不订购零部件 2 的唯一原因是担心零部件 1 的初始库存既少且其产能又低，使得订购零部件 2 反而变成一种浪费。因此，随机增大零部件 1 而非零部件 2 的产能更能激励装配商同时订购两种零部件。因此，当两种零部件的初始库存都较低时（即 $x_1 \leq x_2 < V$），若管理者希望提高最终产品的产量，则其应该尝试增大初始库存较少的零部件的相应产能，而非初始库存较多的零部件的产能。

推论 3：当装配商同时订购两种零部件时，任一零部件的产能随机增大都使得装配商加大订购，且两种零部件的订购量增量相等。即若 $L(x_2 - x_1) \leq 0$，则当 K_1 或 K_2 随机增大时，$\hat{u}_1$（或 $\hat{\Delta}_1$）也增大，而 $\hat{u}_2 = \hat{u}_1 + x_1 - x_2$（即 $\hat{\Delta}_1 = \hat{\Delta}_2$）。

由引理 1 与 $L(\cdot)$ 的单调性可轻易证明推论 3。推论 3 说明：增大某种零部件的产能，不仅能激励装配商订购更多该种零部件，还能激励装配商订购更多的另一种零部件，并且装配商的对两个零部件的订购增量相等。注意到与推论 1 相比，推论 3 说明了当两个零部件都订购时随机产能对最优订购策略有影响。其原因是装配商此时需要考虑随机产能对实际送货量的影响以尽量避免零部件间的不匹配。

推论 4：若需求随机增大，则装配商更倾向订购两种零部件，并且订购量更大。即若 D 随机增大，则 V 增大，$L(x_2 - x_1)$ 减小，而 $\hat{u}_1$ 与 $\hat{u}_2 = \hat{u}_1 + x_1 - x_2$ 增大。

根据各参数的定义可轻易证明直观的推论 4。

3.2 包含 n 种零部件的订购决策模型

3.1 节研究了包含 2 种零部件的装配系统，此节将研究包含 n 种零部件的系统。其中，装配商进行两阶段的决策：在第一阶段，在未观察到零部件的随机产能之前，装配商决定各零部件的订购量；第二阶段，待所有零部件送达后，在未观察到随机的市场需求与随机装配产能之前，装配商根据零部件匹配量决定要最终产品的组装量。类同 3.1 节，容易证明给定价格时最小化成本与最大化利润本质等同，故为简洁起见，此节仍以成本最小化为目标。不失一般性，假设 $x_1 \leqslant x_2 \leqslant \cdots \leqslant x_n$。

3.2.1 第二阶段的最优组装决策

用逆序推导，假设给定第一阶段的订购决策 $\boldsymbol{u} = (u_1, \cdots, u_n)$，先求解第二阶段的最优解。显然，此时装配商的组装量 u_0 应处于区间 $[0, \min_i a_i]$ 内，其中 a_i 是订购送货后零部件 i 的实际库存（即 $A_i = u_i \wedge K_i + x_i$ 确定后的实现值），而 $\min_i a_i$ 即是实际匹配的零部件数。因此，装配商第二阶段的成本函数为：

$$\pi(\boldsymbol{u}_0 \mid u) = \mathrm{E}\big[\, h_0\,(u_0 \wedge K_0 + x_0 - D)^+ + b\,(D - u_0 \wedge K_0 - x_0)^+$$

$$+ c_0(u_0 \wedge K_0) + \sum_{i=1}^{n} h_i(a_i - u_0 \wedge K_0)\,\big],$$

$$0 \leqslant u_0 \leqslant \min_i a_i \tag{3.12}$$

其中 E 表示对 K_0 和 D 求期望。根据此成本函数，可得装配商第二阶段的最优决策如下。

命题 4：$\pi(u_0 \mid \boldsymbol{u})$ 为拟凸函数，装配商第二阶段的最优决策为：

$$u_0^*(\boldsymbol{u}) = \begin{cases} 0, & \text{if } L_0(0) > 0 \\ \bar{u}_0^*, & \text{if } L_0(0) \leqslant 0 \leqslant L_0(\min_i a_i) \\ \min_i a_i, & \text{if } L_0(\min_i a_i) < 0 \end{cases} \tag{3.13}$$

其中 $L_0(u_0) = (h_0 + b)Q(\Delta_0) - b + c_0 - \sum_{i=1}^{n} h_i$，而 $\bar{u}_0^*$ 是 $L_0(\bar{u}_0^*) = 0$ 的有限且唯一的解。

证明：对式 (3.12) 求导可得 $\pi'(u_0) = \bar{F}_0(u_0) L_0(u_0)$。因为 $\bar{F}_0(\cdot) > 0$，故 π' 与 L_0 同号。又因 L_0 为增函数，所以 π 为拟凸函数。若 $L_0(0) > 0$，则 $u_0^* = 0$；若 $L_0(\min_i a_i) < 0$，则 $u_0^* = \min_i a_i$；若 $L_0(0) \leqslant 0 \leqslant L_0(\min_i a_i)$，因为 $L_0(\infty) = h_0 + c_0 - \sum_{i=1}^{n} h_i > 0$，故一阶条件 $L_0(\bar{u}_0^*) = 0$ 有唯一有限解，最优解为 $u_0^* = \bar{u}_0^*$。

在式 (3.13) 中，若 $L_0(0) > 0$，即 $x_0 > Q^{-1}\big[(b - c_0 + \sum_{i=1}^{n} h_i)/(h_0 + b)\big]$，说明最终产品库存充足，没必要再进行组装。若 $L_0(0) \leqslant 0 \leqslant L_0(\min_i a_i)$，说明装配商需要更多的最终产品，并且其有充足的匹配零部件，故其按边际条件 $L_0(\bar{u}_0^*) = 0$ 计划组装 $\bar{u}_0^*$ 件产品。若 $L_0(\min_i a_i) < 0$，说明装配商需要更多的最终产品，但其没有充足的匹配零部件，故其只能组装全部匹配的零部件。当 $L_0(0) \leqslant 0$ 时，第二阶段的最优决策可简写为 $u_0^*(\boldsymbol{u}) = \bar{u}_0^* \wedge \min_i a_i$。

3.2.2　第一阶段的最优订购决策

已知给定第一阶段决策时第二阶段的最优决策，将其代入第一阶段的成本函数，可得：

$$\prod(\boldsymbol{u}) = \mathrm{E}\Big[\sum_{i=1}^{n} w_i(u_i \wedge K_i) + \pi(u_0^*(\boldsymbol{u}))\Big] \quad (3.14)$$

根据式（3.13），当 $L_0(0) > 0$ 时，显然第一阶段不需要订购，因为第二阶段根本不需要组装。另外，当 $x_1 > \bar{u}_0^*$ 时，有 $x_i > \bar{u}_0^*$（$i = 1, \cdots, n$），也即装配商已有足够的匹配零部件以组装 $\bar{u}_0^*$ 件最终产品，因此它在第一阶段也不会再进行订购。故以下只需分析 $L_0(0) \leqslant 0$ 与 $x_1 \leqslant \bar{u}_0^*$ 的情况。

引理2：当 $L_0(0) \leqslant 0$ 与 $x_1 \leqslant \bar{u}_0^*$ 时，装配商第一阶段的最优订购策略应满足 $0 \leqslant u_i \leqslant (\bar{u}_0^* - x_i)^+$，$i = 1, \cdots, n$，并在第二阶段组装所有匹配的零部件。

证明：已知当 $L_0(0) \leqslant 0$ 时，最优的组装决策是 $u_0^*(\boldsymbol{u}) = \bar{u}_0^* \wedge \min_i a_i$。用反证法，考虑一个第一阶段的解 $\boldsymbol{u}$，其中对某个 l，有 $u_l > (\bar{u}_0^* - x_i)^+$。考虑另一个第一阶段的解 $\boldsymbol{u}'$，其中 $u_l' = (\bar{u}_0^* - x_i)^+$，$u_j' = u_j$，$j \neq l$。则由 $\min_i A_i = (u_l \wedge K_l + x_l) \wedge \min_{j \neq l} A_j$ 与 $\min_i A_i' = (u_l' \wedge K_l + x_l) \wedge \min_{j \neq l} A_j'$ 可知应有 $\min_i a_i = \min_i a_i'$，从而有 $u_0^*(\boldsymbol{u}) = u_0^*(\boldsymbol{u}')$。因此，对于 $\boldsymbol{u}$ 或 $\boldsymbol{u}'$，装配商第二阶段的成本相同，而在第一阶段 $\boldsymbol{u}'$ 对应的成本比 $\boldsymbol{u}$ 对应的成本小，故 $\boldsymbol{u}'$ 比 $\boldsymbol{u}$ 更优，所以装配商在第一阶段的订购策略应满足 $0 \leqslant u_i \leqslant (\bar{u}_0^* - x_i)^+$，$i = 1, \cdots, n$。由此，可进一步得 $\bar{u}_0^* \geqslant \min_i a_i$，而 $u_0^*(\boldsymbol{u}) = \min_i a_i$，即在第二阶段组装所有匹配的零部件。

引理 2 的简单解释为：因为已知第二阶段的最优决策为

$u_0^*(\boldsymbol{u}) = \bar{u}_0^* \wedge \min_i a_i$，故装配商没必要拥有多于 $\bar{u}_0^*$ 单位的零部件 $i = 1$，$\cdots$，n，即应使 $u_i \leqslant (\bar{u}_0^* - x_i)^+$，$i = i, \cdots, n$。进一步可知，$\min_i a_i$ 总小于等于 $\bar{u}_0^*$，所以第二阶段的最优决策可确定为 $u_0^*(\boldsymbol{u}) = \min_i a_i$，即装配商应组装所有匹配的零部件。

基于引理2，装配商的问题变为：

$$\boldsymbol{P}: \min_{0 \leqslant u_i \leqslant (\bar{u}_0^* - x_i)^+, i = 1, \cdots, n} \prod(\boldsymbol{u}) = E\Big[\sum_{i=1}^{n} w_i(u_i \wedge K_i) + \pi(u_0^*(\boldsymbol{u})) \Big]$$

(3.15)

引理3：装配商第一阶段的最优订购策略满足：（a）不订购或只订购零部件 1，$\cdots$，j，$j \in \{1, \cdots, n-1\}$，并使得这些零部件的目标库存相等且小于等于零部件 $j+1$ 的初始库存；或（b）订购所有零部件并使得所有零部件的目标库存相等。换言之，最优订购策略 $\boldsymbol{u}^*$（或 Δ^*）满足：（a）$x_j \leqslant \Delta_1^* = \cdots = \Delta_j^* \leqslant x_{j+1}$，$\Delta_l^* = x_l$，$l = j+1$，$\cdots$，$n$，$j \in \{1, \cdots, n-1\}$，或（b）$\Delta_1^* = \cdots = \Delta_n^* \geqslant x_n$。

证明：对任意 Δ，排列下标使其满足 $\Delta_{n'} \geqslant \Delta_{(n-1)'} \geqslant \cdots \geqslant \Delta_{1'}$，其中 $1'$，$\cdots$，n' 代表 1，$\cdots$，n 的某种排列。因为匹配的零部件数目为 $\min_{i'} A_{i'}$，故保持 $u_{i'}$ 不变，若装配商降低 $u_{j'}(j > 1)$，直至 $\Delta_{j'} = \Delta_{1'} \geqslant x_{j'}$（$u_{j'}$ 虽被降低但仍为正）或 $\Delta_{j'} = x_{j'} \geqslant \Delta_{1'}$（$u_{j'}$ 被降低至 0），则匹配的零部件数目仍不变，而 $A_{j'}$ 将变小，这意味着第二阶段的期望成本不变，但第一阶段的期望成本变小。因此，对每一个 $j > 1$ 循环使用以上逻辑，可得引理3。

注意到当装配商第一阶段的最优订购策略满足情况（a）时，应有 $x_j < \bar{u}_0^*$，否则根据引理2，零部件 j 根本不需要订购。类似地，当装配商第一阶段的最优订购策略满足情况（b）时，应有 $x_n < \bar{u}_0^*$，否则同样根据引理2，零部件 n 根本不需要订购。下面首先分别假设装配商第一阶段的订购策略满足引理3中的两种情况，求解出对应的局部最优解，最后再刻画全局最优解。另外，我们将证明

只有当$(\bar{u}_0^* - x_i)^+ = 0$（即$x_i \geq \bar{u}_0^*$）时条件$u_i \leq (\bar{u}_0^* - x_i)^+$（$i = 1, \cdots, n$）才为紧约束。

（1）不订购或只订购j种零部件的情况。

在这种情况下，将$u_k = \Delta_1 - x_k (k = 2, \cdots, j)$与$u_l = 0 (l = j+1, \cdots, n)$代入式（3.14），将$\Delta_1$限制在区域$[x_j, \ x_j + 1]$内，则装配商的成本函数变为一维的：

$$\prod{}_j(u_1) = E\Big[\sum{}_{i=1}^{j} w_i((\Delta_1 - x_i) \wedge K_i) + c_0(\min_i A_i \wedge K_0)$$
$$+ h_0 (\min_i A_i \wedge K_0 + x_0 - D)^+ + b(D - \min_i A_i \wedge K_0 - x_0)^+$$
$$+ \sum{}_{i=1}^{j} h_i(\Delta_1 \wedge (K_i + x_i)) + \sum{}_{i=j+1}^{n} h_i x_i$$
$$- (\sum{}_{i=1}^{n} h_i)(\min_i A_i \wedge K_0) \Big] \tag{3.16}$$

其中$\min_i A_i = \Delta_1 \wedge (K_1 + x_1) \wedge \cdots \wedge (K_j + x_j)$是匹配的零部件数量。此时装配商的问题为：

$$\boldsymbol{P}_j : \min_{u_1} \prod{}_j(u_1), \text{s. t.} \ \ x_j - x_1 \leq u_1 \leq x_{j+1} - x_1$$

命题5： $\prod_j(u_1)$为拟凸函数，而$\boldsymbol{P}_j$的最优解$\hat{u}_1^j$为：

$$\hat{u}_1^j = \begin{cases} x_j - x_1, & \text{if } L_j(x_j - x_1) \geq 0 \\ u_1^j, & \text{if } L_j(x_j - x_1) < 0 \leq L_j(x_{j+1} - x_1) \\ x_{j+1} - x_1, & \text{if } L_j(x_{j+1} - x_1) < 0 \end{cases} \tag{3.17}$$

其中，

$$L_j(u_1) = (h_0 + b)Q(\Delta_1 + x_0) - b + c_0 - \sum{}_{i=1}^{n} h_i$$
$$+ \sum{}_{i=1}^{n} \frac{(h_i + w_i) \bar{F}_i(\Delta_1 - x_i)}{\prod_{k=1}^{j} \bar{F}_k(\Delta_1 - x_k) \bar{F}_0(\Delta_1)} \tag{3.18}$$

而当$L_j(x_j - x_1) < 0 \leq L_j(x_{j+1} - x_1)$时，$u_1^j$是$L_j(u_1^j) = 0$的有限且唯一的解。

证明： 对式（3.16）求导得$\prod_j'(u_1) = \prod_{k=1}^{j} \bar{F}_k(\Delta_1 - x_k)$

$\bar{F}_0(\Delta_1)L_j(u_1)$。因 $\bar{F}_i(\cdot)>0$，$i=0,1,\cdots,n$，故 $\prod_j^j(u_1)$ 与 $L_j(u_1)$ 同号。而由于 $L_j(u_1)$ 是增函数，故 $\prod_j(u_1)$ 为拟凸函数。因此，若 $L_j(x_j-x_1)\geqslant 0$，则最优解为边界解（即 $\hat{u}_1^j=x_j-x_1$）；若 $L_j(x_{j+1}-x_1)<0$，同样，最优解为边界解（即 $\hat{u}_1^j=x_{j+1}-x_1$）；若 $L_j(x_j-x_1)<0\leqslant L_j(x_{j+1}-x_1)$，最优解为内点解（即 $\hat{u}_1^j=u_1^j$），$u_1^j\in[x_j,x_{j+1}]$ 是一阶条件（即 $L_j(u_1)=0$）的唯一解。

由式（3.17）可知，仅零部件 $1,\cdots,j$ 的随机产能对最优解 $\hat{u}_1^j$ 有影响，其他零部件因未被订购故其产能对最优解无影响。当 $j=1$ 时，所有零部件的随机产能均对最优解无影响。但组装产能的随机性与市场需求的随机性总对最优解有不可忽视的影响。

现在证明只有当 $(\bar{u}_0^*-x_i)^+=0$ 时，约束条件 $u_i\leqslant(\bar{u}_0^*-x_i)^+$（$i=1,\cdots,n$）才可能是紧的。如前所述，当只订购零部件 $1,\cdots,j$ 为最优时，根据引理2应有 $x_j<\bar{u}_0^*$，或 $x_j-x_1<\bar{u}_0^*-x_1$。又根据 $\bar{u}_0^*$ 的定义（$L_0(\bar{u}_0^*)=0$），必有 $L_j(\bar{u}_0^*-x_1)\geqslant 0$，而这意味着 $\hat{u}_1^j\leqslant\bar{u}_0^*-x_1$，故自然地有 $0\leqslant u_i^*\leqslant(\bar{u}_0^*-x_i)^+$，$i=1,\cdots,n$。这一结果的含义是：因为装配商计划在第二阶段组装所有匹配的零部件，故在第一阶段没必要订购多于 $(\bar{u}_0^*-x_i)^+$ 单位的零部件 i，而这一决定与产能是否随机无关。

（2）订购所有零部件的情况。

在这种情况下，将 $u_l=\Delta_1-x_l$，$l=2,\cdots,n$ 代入式（3.14），将 Δ_1 限制在区域 $[x_n,\infty)$ 内，则装配商的成本函数变为一维的：

$$\prod_n(u_1)=E\Big[\sum_{i=1}^n w_i((\Delta_1-x_i)\wedge K_i)+c_0(\min_i A_i\wedge K_0)$$
$$+h_0(\min_i A_i\wedge K_0+x_0-D)^++b(D-\min_i A_i\wedge K_0$$
$$-x_0)^++\sum_{i=1}^n h_i(\Delta_1\wedge(K_i+x_i))-\min_i A_i\wedge K_0\Big]$$

$$(3.19)$$

其中 $\min_i A_i = \Delta_1 \wedge (K_1 + x_1) \wedge \cdots \wedge (K_n + x_n)$ 为匹配的零部件数量。此时装配商的问题为：

$$\boldsymbol{P}_n : \min_{u_1} \prod_n (u_1), \text{ s. t. } x_n - x_1 \leqslant u_1$$

命题 6：$\prod_n$ 为拟凸函数，而 $\boldsymbol{P}_n$ 的最优解 $\hat{u}_1^n$ 为：

$$\hat{u}_1^n = \begin{cases} u_1^n, & \text{if } L_n(x_n - x_1) \leqslant 0 \\ x_n - x_1, & \text{if } L_n(x_n - x_1) > 0 \end{cases} \quad (3.20)$$

其中 $L_n(u_1)$ 由式（3.18）定义（取 $j = n$）。当 $L_n(x_n - x_1) \leqslant 0$ 时，u_1^n 是 $L_n(u_1) = 0$ 的有限且唯一的解。

证明：对式（3.19）求导得 $\prod_n'(u_1) = \prod_{k=1}^n \bar{F}_k(\Delta_1 - x_k) \bar{F}_0(\Delta_1)$ $L_n(u_1)$。因 $\bar{F}_i(\cdot) > 0 (i = 0, 1, \cdots, n)$，故 $\prod_n'(u_1)$ 与 $L_n(u_1)$ 同号。而由于 $L_n(u_1)$ 是增函数，故 $\prod_n(u_1)$ 为拟凸函数。因此，若 $L_n(x_n - x_1) > 0$，则最优解为边界解（$\hat{u}_1^n = x_n - x_1$）；否则，因为 $\lim_{u_1 \to \infty} L_n(u_1) = \infty$，可知此时最优解为内点解，即 $\hat{u}_1^n = u_1^n$，$u_1^n \in [x_n, \infty)$ 是一阶条件 $L_n(u_1) = 0$ 的唯一解。

根据引理 2，当订购所有零部件时，应有 $x_n < \bar{u}_0^*$，也即 $x_n - x_1 < \bar{u}_0^* - x_1$。而由 $\bar{u}_0^*$ 的定义，必有 $L_n(\bar{u}_0^* - x_1) \geqslant 0$，故 $\hat{u}_1^n \leqslant \bar{u}_0^* - x_1$，从而有 $0 \leqslant u_i^* \leqslant (\bar{u}_0^* - x_i)^+$，$i = 1, \cdots, n$。

（3）全局最优解。

已知上述情况（a）与（b）中对应的局部最优解为 $\hat{u}_1^i$，$i = 1, \cdots, n$。下面命题将给出装配商第一阶段的全局最优解。

命题 7：装配商第一阶段的最优订购策略 $\boldsymbol{u}^*$ 如下：

$$u^* = \begin{cases} (0,\cdots,0), & \text{if } 0 \leq L_1(0) \\ (u_1^1,0,\cdots,0), & \text{if } L_1(0) < 0 \leq L_1(x_2-x_1) \\ (x_2-x_1,0,\cdots,0), & \text{if } L_1(x_2-x_1) < 0 \leq L_2(x_2-x_1) \\ (u_1^2, u_1^2+x_1-x_2,0,\cdots,0), & \text{if } L_2(x_2-x_1) < 0 \leq L_2(x_3-x_1) \\ \cdots & \cdots \\ (u_1^{n-1}, u_1^{n-1}+x_1-x_2,\cdots,u_1^{n-1}+x_1-x_{n-1},0), & \text{if } L_{n-1}(x_{n-1}-x_1) < 0 \leq L_{n-1}(x_n-x_1) \\ (x_n-x_1,x_n-x_2,\cdots,x_n-x_{n-1},0), & \text{if } L_{n-1}(x_n-x_1) < 0 \leq L_n(x_n-x_1) \\ (u_1^n, u_1^n+x_1-x_2,\cdots,u_1^n+x_1-x_n,0), & \text{if } L_n(x_n-x_1) \leq 0 \end{cases}$$

$$(3.21)$$

证明： 根据 $L_i(u_1)$，$i=1$，$\cdots$，n，的定义可知：

$$L_j(x_j-x_1) \leq L_j(x_{j+1}-x_1) \leq L_{j+1}(x_{j+1}-x_1), j=1,\cdots,n-1$$

故以下四种情况只可能有一种成立：（ i ）$0 \leq L_1(0)$，（ ii ）$L_n(x_n-x_1) \leq 0$，（ iii ）$L_j(x_j-x_1) < 0 \leq L_j(x_{j+1}-x_1)$，（ iv ）$L_j(x_{j+1}-x_1) < 0 \leq L_{j+1}(x_{j+1}-x_1)$，$j=1$，$\cdots$，$n-1$，即式（3.21）中的不等式条件是相互排斥的。在任一种成立的情况下，根据命题 5 与命题 6 可确定 $\hat{u}_1^i$，$i=1$，$\cdots$，n。将其代入相应的目标函数 $\prod_i(\hat{u}_1^i)$，$i=1$，$\cdots$，n 中，利用 $\prod_{j+1}(x_{j+1}-x_1) = \prod_j(x_{j+1}-x_1)$ 这一等价关系判断出 $\min_i \prod_i(\hat{u}_1^i)$，与之对应的 $\hat{u}_1^i$ 即是最优解，最终将得到命题 7 中的结论。

另需指出，式（3.21）包含了之前已讨论并排除掉的两种特殊情况，即当 $L_0(0) > 0$，或当 $L_0(0) \leq 0$ 且 $x_1 > \bar{u}_0^*$ 成立时，其最优解仍可由式（3.21）表示。并且，式（3.21）中最优解具有如引理 3 所预示的结构。

基于命题 7 中的公式，可以得到求解最优解的如下算法：

步骤 1： 排列标号，使得 $x_1 \leq x_2 \leq \cdots \leq x_n$。

步骤 2： 计算 $L_1(0)$，若 $0 \leq L_1(0)$，则最优订购量为 0，算法停止，否则设计数器 $k=1$。

步骤3：计算u_1^k、$L_k(x_k - x_1)$与$L_k(x_{k+1} - x_1)$，若$L_k(x_k - x_1) < 0$ $\leq L_k(x_{k+1} - x_1)$，则最优订购量为$(u_1^k, u_1^k + x_1 - x_2, \cdots, u_1^k + x_1 - x_k, 0, \cdots, 0)$，算法停止；否则计算$L_{k+1}(x_{k+1} - x_1)$，若$L_k(x_{k+1} - x_1) < 0 \leq L_{k+1}(x_{k+1} - x_1)$，则最优订购量为$(x_{k+1} - x_1, x_{k+1} - x_2, \cdots, x_{k+1} - x_k, 0, \cdots, 0)$，算法停止；否则进入步骤4。

步骤4：若$k < n - 1$，则令$k = k + 1$并返回步骤3；否则计算u_1^n与$L_n(x_n - x_1)$，若$L_n(x_n - x_1) \leq 0$，则最优订购量为$(u_1^n, u_1^n + x_1 - x_2, \cdots, u_1^n + x_1 - x_n, 0)$，算法停止。

推论5：装配商的组装产能随机增大将使得装配商在第一阶段的订购量增大。即当K_0随机增大时，$\hat{u}_1^j$，$j = 1, \cdots, n$，将增大。

根据$L_j(u_1)$与u_1^j，$j = 1, \cdots, n$的定义，可知当K_0随机增大时（即对任意u，$\bar{F}_0(u)$均变大），对任意u_1，$L_j(u_1)$将变小，而u_1^j将变大，由此可得推论5。这是因为组装产能的增大降低了装配商订购太多零部件却用不上的风险，因此装配商有动力去订购更多零部件。

3.3　本章小结

本章假设价格已经给定，研究随机供需下装配商的最优零部件订购策略。首先研究一个包含两种零部件、组装能力无限制且组装成本为零的系统，根据系统的特性展开分析，得到多个局部最优解的可能位置，进而对问题进行分解，最终刻画出全局最优解。基于此思路，继而研究一个包含n种零部件并且组装阶段也存在产能不确定性的装配系统，刻画装配商第二阶段的最优组装计划与第一阶段的最优零部件订购策略，并对随机供需的影响进行了分析。

下一章将在本章模型的基础上，同时考虑订购与定价决策，刻画随机供需下的订购—定价联合策略。

第4章 随机供需条件下装配商的订购—定价联合决策模型

第 3 章刻画了给定最终产品的价格时，随机供需下装配商的最优零部件订购策略，若价格不是事先给定时，装配商该如何对订购与定价进行联合决策以平衡供应与需求？这一章将构建随机供需下装配商的订购—定价联合决策模型，求解最优的订购—定价联合决策。

本章假设零部件与最终产品的初始库存均为零，即 $x_i = 0$，$i = 0$，1，$\cdots$，n。并且，假设零部件与最终产品都不具有残值，即 $h_i = 0$，$i = 0$，1，$\cdots$，n，而且若产品供应无法满足市场需求，则装配商仅承受相应的销售损失，而不存在额外的缺货惩罚成本，即 $b = 0$。根据第 3 章中的模型构建与证明求解可知（在第 3 章中 $h_i \geq 0$，$b \geq 0$），非零残值与非零惩罚成本均能够纳入下文模型中，其体现在目标函数中就是多了 $b (D - \min_i A_i)^+ + h_0 (\min_i A_i - D)^+ + \sum_{i=1}^{n} h_i(A_i - \min_i A_i)$ 这部分成本。这部分成本考虑与否会导致最优解在量上发生变化，但其不会导致目标函数在凹凸性质上发生本质变化。因此，为易于分析此处暂不考虑这部分成本。另外，因为第 3 章已经证明了在本书假设下装配商应该把所有匹配的零部件都组装成最终产品以待销售（即最优的计划组装量即零部件的实际匹配量），所以组装阶段的决策不言自明。为模型简洁起见，本章进一步假设组装阶段产能无限制且无成本，零部件一旦匹配将自动实现组装。其他假设与上一章中的类同。

本章首先考虑需求确定但供应不确定的情况，再考虑供应与需求都不确定的情况。

4.1　供应随机—需求确定条件下的订购—定价模型

本节中的确定性需求是产品价格 p 的减函数，记为 $D(p)$。装配商需要同时就零部件订购与最终产品定价做出决策，其期望利润函数为：

$$\prod(\boldsymbol{u},p) = \mathrm{E}[\,p\min\{\min\{u_1,K_1\},\cdots,\min\{u_n,K_n\},D(p)\}$$

$$-\sum_{i=1}^{n} w_i\min\{u_i,K_i\}\,]$$

$$= \mathrm{E}[\,p\min\{u_1,\cdots,u_n,K_1,\cdots,K_n,D(p)\}$$

$$-\sum_{i=1}^{n} w_i\min\{u_i,K_i\}\,] \tag{4.1}$$

其中 E 表示关于 K_i，$i=1$，$\cdots$，n 的期望，$\min\{u_1,\cdots,u_n,K_1,\cdots,K_n\}$ 表示零部件的匹配量，也是最终产品的组装量。装配商的问题就是同时做出关于 $u=(u_1,\cdots,u_n)$ 与 p 的决策以最大化其期望利润。

当产能确定时，显然装配商应订购等量的零部件，否则因零部件不匹配只会徒增成本。在随机产能下，是否每个零部件的订购量仍应保持相等？

引理4： 装配商应按等比例订购零部件，即最优订购量 $\boldsymbol{u}^*$ 必满足 $u_1^* = \cdots = u_n^*$。

引理4说明，尽管产能不确定性可能导致各零部件的实际供应量不等，但其订购量仍应保持相等，并且这与定价无关。其原因在于已假设了产能不受订购决策的影响，装配商所能做的就是按等比例订购，否则零部件供应量不匹配的可能性会更大。根据引理4，可用单一变量 u 表示装配商的订购量，则其期望利润函数可简写为：

$$\prod(\boldsymbol{u},p) = \mathrm{E}[\,p\min\{u,K,D(p)\} - \sum_{i=1}^{n} w_i\min\{u,K_i\}\,]$$

$$\tag{4.2}$$

其中，$K \equiv \min\{K_1,\cdots,K_n\}$。因为对任意 $x>0$，$K \geq x$ 等价于 $K_i \geq x$，$i=1$，$\cdots$，n，所以 K 的累积分布函数 $F(\cdot)$ 满足 $\overline{F}(x) = \prod_{i=1}^{n}$

$\bar{F}_i(x)$，也即 $F(x) = 1 - \prod_{i=1}^n \bar{F}_i(x)$，从而其概率分布函数为 $f(x) = \sum_{i=1}^n f_i(x) \prod_{j \neq i} \bar{F}_j(x)$，$K$ 的支撑集同样为 $(0, \infty)$。

为了求解式（4.2）中的二元函数的最大值，下面先求任一可行价格 p 相应的最优订购量 $u^*(p)$，然后再根据 $\prod(u^*(p), p)$ 求最优价格 p^*。也即先将 u 关于 p 的最优路径（optimal path）求出，再沿着此最优路径求最优解 $(u^*(p^*), p^*)$。

4.1.1 任一可行价格对应的最优订购量

对于任一可行价格 p，当 $u > D(p)$ 时容易求得 $\partial \prod(u, p) / \partial u = -\sum_{i=1}^n w_i \bar{F}_i(u_i) < 0$，故装配商应选择 $u \leq D(p)$，即订购量不应大于需求。进而，装配商的问题变为：

$$\max_{u \leq D(p)} \prod(u, p) = E\big[p\min\{u, K\} - \sum_{i=1}^n w_i \min\{u, K_i\} \big] \quad (4.3)$$

基于此，可得以下命题。

命题 8：给定任一可行 p，装配商的最优订购量为 $u^*(p) = \min\{\hat{u}_p, D(p)\}$，其中 $\hat{u}_p$ 是方程 $p = \sum_{i=1}^n w_i \bar{F}_i(u) / \bar{F}(u)$ 的唯一解。

证明：对式（4.3）中的 $\prod(u, p)$ 求导有：

$$\frac{\partial \prod(u, p)}{\partial u} = p\bar{F}(u) - \sum_{i=1}^n w_i \bar{F}_i(u_i) \quad (4.4)$$

令：

$$L(u, p) = p - \sum_{i=1}^n \frac{w_i \bar{F}_i(u_i)}{\bar{F}(u)} \quad (4.5)$$

则式（4.4）可写为 $\partial \prod(u, p) / \partial u = \bar{F}(u) L(u, p)$。因为 $\bar{F}(u) > 0$，且 $L(u, p)$ 是关于 u 的减函数，因为 $L(\hat{u}_p, p) = 0$，故对 $u \leq \hat{u}_p$ 有

$\partial\Pi(u,p)/\partial u \geq 0$，对 $u \geq \hat{u}_p$ 有 $\partial\Pi(u,p)/\partial u \leq 0$，从而 $\Pi(u,p)$ 的无约束极值在一阶条件处取得，即 $L(\hat{u}_p,p)=0$，也即 $p=\sum_{i=1}^{n} w_i \bar{F}_i(\hat{u}_p)/\bar{F}(\hat{u}_p)$。由于 $L(0,p)=p-\sum_{i=1}^{n}w_i>0$，故必有 $\hat{u}_p>0$。再考虑约束 $u \leq D(p)$，易知最优解为 $u^*(p)=\min\{\hat{u}_p,D(p)\}$。

命题 8 中的 $\hat{u}_p$ 代表市场需求极大时装配商偏好的订购量。在这一点，装配商边际收益 p 等于其边际成本，即 $p=\sum_{i=1}^{n}w_i/\prod_{j\neq i}\bar{F}_j(\hat{u}_p)$，其中 $w_i/\prod_{j\neq i}\bar{F}_j(\hat{u}_p)$ 可视为零部件 i 的实际采购成本，其包含了因随机产能引起的零部件供应量不匹配这一机会成本。

性质 1：装配商偏好的订购量 $\hat{u}_p$ 随着任一零部件产能随机增大而增大。

证明：假设其他不变而零部件 l 的产能一阶随机增大，即从 K_l 变大为 K_l'（意即对 $\forall x>0$，均有 $F_l(x)\geq F_l'(x)$，其中 $F_l'(\cdot)$ 为 K_l' 的累积分布函数），令 $\hat{u}_{p,l}'$ 表示产能变大后的装配商偏好的订购量，由 $\hat{u}_p$ 的定义有 $\sum_{i=1}^{n}w_i/\prod_{j\neq i}\bar{F}_j(\hat{u}_p)=\sum_{i=1}^{n}w_i/\prod_{j\neq i}\bar{F}_j'(\hat{u}_{p,l}')$，其中，$\bar{F}_j(x)=\bar{F}_j'(x)$，$j\neq l$，则可知 $\hat{u}_p \leq \hat{u}_{p,l}'$，$i=1,\cdots,n$。

因为 $u^*(p)$ 关于 $\hat{u}_p$ 单调弱递增，故由性质 1 可知对给定的任一价格，最优订购量也随着零部件产能随机增大而增大。

性质 2：装配商偏好的订购量是价格的增函数，即 $\mathrm{d}\hat{u}_p/\mathrm{d}p>0$；存在一个价格门槛 $\hat{p}>\sum_{i=1}^{n}w_i$ 是 $p=\sum_{i=1}^{n}w_i\bar{F}_i(D(p))/\bar{F}(D(p))$ 的唯一解，当 $p=\hat{p}$ 时，装配商偏好的订购量刚好等于市场需求（即 $\hat{u}_p=D(\hat{p})$）；当 $p<\hat{p}$ 时，装配商按偏好安排订购（$u^*=\hat{u}_p<D(p)$），否则按需订购（$u^*=D(p)$）。

证明：由 $\hat{u}_p$ 的定义易知 $\mathrm{d}\hat{u}_p/\mathrm{d}p>0$。由于 $\sum_{i=1}^{n}w_i\bar{F}_i(D(p))/$

$\overline{F}(D(p))$ 关于 p 单调递减，并且总大于等于 $\sum_{i=1}^{n} w_i$，因此 $\hat{p}$ 存在且唯一，并且 $\hat{p} > \sum_{i=1}^{n} w_i$。再根据定义，有 $\hat{u}_p = D(\hat{p})$。故当 $p < \hat{p}$ 时，$\hat{u}_p < D(p)$，反之 $\hat{u}_p \geq D(p)$，再根据命题 8 可得证。

4.1.2   最优订购—定价联合决策

根据命题 8 与性质 2，将 $u^*(p)$ 代入装配商的利润函数后，可得到关于价格的一维利润函数，从而最优价格 p^* 由以下命题给出。

命题 9：装配商的最优价格必高于门槛值，即 $p^* > \hat{p} > \sum_{i=1}^{n} w_i$。如果需求函数在 $p \geq \hat{p}$ 区域内为凹（对 $\forall p \geq \hat{p}$，$D''(p) \leq 0$），则 p^* 是：

$$E\left[\min\{D(p),K\}\right] + \left[p\overline{F}(D(p)) - \sum_{i=1}^{n} w_i \overline{F}_i(D(p))\right]D'(p) = 0$$

$$(4.6)$$

的唯一解；否则 p^* 是式（4.6）的若干有限解中大于 $\hat{p}$ 的某一个。

性质 3：尽管零部件供应量不确定，但在最优解处，装配商的订购量等于需求量，即 $u^*(p^*) \equiv D(p^*)$。

证明：根据命题 9 与性质 2 可得证。

令 $p^*(u) = \operatorname{argmax}_p \prod(u,p)$ 与 $u^*(p) = \operatorname{argmax}_u \prod(u,p)$，有以下性质。

性质 4：$\prod(u,p)$ 是关于 u 与 p 的次模（submodular）函数。换言之，给定 u，则相应的最优价格 $p^*(u)$ 是 u 的减函数；给定 p，则相应的最优订购量 $u^*(p)$ 是 p 的减函数。

证明：因为 $\partial^2 \prod(u,p)/\partial u \partial p = \overline{F}(u) \geq 0$，所以 $\prod(u,p)$ 是关于 u 与 p 的次模函数。$p^*(u)$ 与 $u^*(p)$ 的单调性由次模函数性质容易得知。

性质 3 与性质 4 说明装配商的最优订购与定价决策相互依赖，

在经济学意义上它们具有替代性：若价格调高，则应减少订购量，若订购过多，则应调低价格，而在最优解处，订购量应等于价格对应的需求量，这些直观的结论说明了随机产能的存在并未从本质上颠覆传统模型得到的一些经验知识，但是随机产能的存在确实从数量上对订购与定价决策有深远的影响（命题9）。命题9中的式（4.6）是关于最优价格的必要条件，若需求函数为凹，则其为充分必要条件。最常见的线性需求函数 $D(p) = \alpha - \beta p$，α，$\beta > 0$ 显然为凹函数；但其他需求函数，如 α，$\beta > 0$ 与 $D(p) = \alpha p^{-\beta}$，$\alpha > 0$，$\beta > 1$ 等为凸函数，此时需要比较一阶条件的若干解处的利润函数值方可得知最优解。

性质5：p^* 关于 w_i 单调递增，$\prod(u^*(p^*), p^*)$ 关于 w_i 单调递减，$i = 1$，…，n。

性质5说明当采购成本变大时，尽管装配商可适度调高价格，但由于需求下降，最终收益也会下降。这个直观的结论在没有产能随机性时也同样成立，但在产能随机的情况下，采购成本变大带来的收益下降幅度有可能更大。下面通过数值实验来进一步分析随机供应对最优解的影响。

4.1.3 数值实验一：供应随机但需求确定时的灵敏性分析

为便于计算、展示与检验结果，考虑 $n = 2$ 的装配系统。假设零部件批发价为 $w_1 = 1 < w_2 = 2$，以便考察不对称成本对决策的影响。

考虑非线性且凸的需求函数 $D(p) = \alpha p^{-\beta}$，α，$\beta > 0$。这一需求函数的需求价格弹性为 β，故称等弹性需求（iso-elasticity demand），常见于订购—定价联合决策的文献中[143]。β 越大，则需求对价格变动的敏感程度更大。因为创新型消费电子产品具有一定的时尚性，并且在充分竞争的市场中存在大量的可替代品，所以以下假设 $\beta > 1$，即只考虑弹性需求（当 $\beta < 1$ 时，即在非弹性需求下，实验结果显示装配商将定价甚高，订购甚少，而利润甚高，不甚符合现实）。令 $\alpha = 100$，在以下算例中令 β 在 $\{1.1, 1.5, 2.0\}$ 内变动，以考察需求价格弹性的影响。

假设各零部件供应商的随机产能均服从正态分布，即 $K_i \sim N(\mu_i, \sigma_i)$，$\mu_i$，$\sigma_i > 0$，$i = 1$，2。由于 K_i 的支撑集为 $(-\infty, \infty)$，故令 $\mu_i \gg \sigma_i$，即令均值远大于标准方差以使 K_i 取负值的概率足够小，以方便以下关于 K_i 的积分计算。采用正态分布的原因是其均值与方差由独立参数给出，便于进行针对二者的灵敏度分析。以下算例中以 $\mu_i = 60$，$\sigma_i = 20$，$i = 1$，2 为基准，令 μ_i 以步长 1 在 $[60, 70]$ 上逐一变动，令 σ_i 以步长 1 在 $[20, 30]$ 上逐一变动，考察零部件产能均值与方差的影响。根据表格宽度，表格中的数值只取有限位小数列出。表中用上下箭头表示变量的上升与下降的变化趋势，$\delta = (\prod_j^* - \prod_{j-1}^*)/\prod_{j-1}^* \times 1000‰$ 则表示参数变化后的最优利润 $\prod_j^*$ 相对变化前的最优利润 $\prod_{j-1}^*$ 的变化比例。

（1）产能均值的影响。

表 4.1 给出零部件 1 的产能均值变化而其他参数保持不变时，最优解 (u^*, p^*) 及最优利润 $\prod^* = \prod(u^*, p^*)$ 的取值，其中 $\sigma_1 = \sigma_2 = 20$，$\mu_2 = 60$。

表4.1　　　　　μ_1 变化时 (u^*, p^*) 及 $\prod^*$ 的取值

| $\mu_1 \uparrow$ | $\beta = 1.1$ | | | | $\beta = 1.5$ | | | | $\beta = 2$ | | | |
	$u^* \uparrow$	$p^* \downarrow$	$\prod^* \uparrow$	$\delta \downarrow$	$u^* \uparrow$	$p^* \downarrow$	$\prod^* \uparrow$	$\delta \downarrow$	$u^* \uparrow$	$p^* \downarrow$	$\prod^* \uparrow$	$\delta \downarrow$
60	2.118	33.26	63.87	—	3.677	9.043	22.12	—	2.762	6.018	8.291	—
61	2.120	33.24	63.88	0.26	3.679	9.040	22.13	0.36	2.763	6.016	8.294	0.42

$\mu_1\uparrow$	$\beta=1.1$				$\beta=1.5$				$\beta=2$			
	$u^*\uparrow$	$p^*\downarrow$	$\Pi^*\uparrow$	$\delta\downarrow$	$u^*\uparrow$	$p^*\downarrow$	$\Pi^*\uparrow$	$\delta\downarrow$	$u^*\uparrow$	$p^*\downarrow$	$\Pi^*\uparrow$	$\delta\downarrow$
62	2.121	33.22	63.90	0.22	3.681	9.037	22.13	0.31	2.764	6.015	8.297	0.37
63	2.122	33.21	63.91	0.19	3.683	9.034	22.14	0.27	2.765	6.013	8.300	0.31
64	2.123	33.19	63.92	0.16	3.684	9.031	22.15	0.23	2.766	6.012	8.302	0.27
65	2.123	33.18	63.93	0.14	3.686	9.029	22.15	0.20	2.767	6.011	8.304	0.23
66	2.124	33.17	63.94	0.12	3.687	9.028	22.15	0.17	2.768	6.011	8.306	0.20
67	2.125	33.17	63.94	0.10	3.688	9.026	22.16	0.15	2.768	6.010	8.307	0.17
68	2.125	33.16	63.95	0.09	3.688	9.025	22.16	0.12	2.769	6.010	8.308	0.14
69	2.126	33.15	63.95	0.07	3.689	9.024	22.16	0.10	2.769	6.009	8.309	0.12
70	2.126	33.15	63.96	0.06	3.690	9.023	22.16	0.09	2.770	6.009	8.310	0.10

表4.2 给出零部件2的产能均值变化而其他参数保持不变时，最优解（u^*，p^*）及最优利润$\Pi^*=\Pi(u^*,p^*)$的取值，其中$\sigma_1=\sigma_2=20$。

表4.2　　　　μ_2变化时（u^*，p^*）及Π^*的取值

$\mu_2\uparrow$	$\beta=1.1$				$\beta=1.5$				$\beta=2$			
	$u^*\uparrow$	$p^*\downarrow$	$\Pi^*\uparrow$	$\delta\downarrow$	$u^*\uparrow$	$p^*\downarrow$	$\Pi^*\uparrow$	$\delta\downarrow$	$u^*\uparrow$	$p^*\downarrow$	$\Pi^*\uparrow$	$\delta\downarrow$
60	2.118	33.26	63.87	—	3.677	9.043	22.12	—	2.762	6.018	8.291	—
61	2.119	33.24	63.88	0.25	3.679	9.041	22.13	0.32	2.763	6.017	8.294	0.34
62	2.120	33.22	63.90	0.22	3.680	9.039	22.13	0.28	2.763	6.016	8.296	0.29
63	2.121	33.21	63.91	0.19	3.681	9.037	22.14	0.24	2.764	6.015	8.298	0.25
64	2.122	33.20	63.92	0.16	3.682	9.035	22.14	0.20	2.765	6.014	8.300	0.22
65	2.123	33.19	63.93	0.14	3.683	9.034	22.15	0.17	2.765	6.014	8.302	0.18
66	2.123	33.18	63.94	0.12	3.684	9.032	22.15	0.15	2.765	6.013	8.303	0.16
67	2.124	33.18	63.94	0.10	3.685	9.031	22.15	0.13	2.766	6.013	8.304	0.13
68	2.124	33.17	63.95	0.08	3.685	9.030	22.16	0.11	2.766	6.013	8.305	0.11
69	2.124	33.17	63.95	0.07	3.686	9.030	22.16	0.09	2.766	6.012	8.306	0.10
70	2.125	33.16	63.96	0.06	3.686	9.029	22.16	0.08	2.767	6.012	8.306	0.08

观察表4.1与表4.2可得以下结果。

观察结果1：保持其他不变，若μ_i增大，则u^*增大、p^*减小、Π^*增大、δ减小。换言之，当任一零部件产能的均值有所提升时，零部件订购量增大、最终产品价格减小、装配商获取的期望利润增大、但均值提升对于装配商利润的边际促进作用减小。

管理启示：投资新的生产线或者是加班加点都可视为使产能均值上升的一类改进。可想而知，当零部件供应商具有新的生产线或其承诺加班加点后，装配商的订购量会上升（如第3章所论证，两个零部件的订购量总保持相等），同时其最终产品定价会下降以刺激需求，最终因为供需更加匹配而使得其利润上升。但是，当这类改进的投入越来越高时，其能换来的利润提升将越来越低。这一点符合常理，毕竟利润的来源归根结底在于需求一端，当供应商的供应能力已经足够强时，再进行投入的意义将越来越小。因此，当装配商主动或被动地投入供应风险管理（如被要求分担新生产线的投资支出或补偿供应商加班费）时，装配商需要对相应的投入成本与供应风险降低能换取的利润增额进行科学权衡。

观察结果2：在初始状态为$\mu_1 = \mu_2$，$\sigma_1 = \sigma_2$时，对于某个$i \in \{1,2\}$，若保持其他不变而使μ_i增大至$\mu_i + \Delta\mu$，则相应地Π^*增大至$\Pi^* + \Delta_i$，其中$\Delta\mu$，$\Delta_i > 0$；并且，若$w_i \leq w_j$，则$\Delta_i \geq \Delta_j$。换言之，当两个零部件的产能具有同样的均值与方差时，改进任一个零部件的产能使其均值上升都能使装配商获得更大利润，而改进成本较低的零部件的产能对装配商而言更有利。

管理启示：从直觉出发，因为零部件2的"价值"较高（因其购买成本较高），故其产能变得更充沛比零部件1的产能变得更充沛对装配商而言似乎更有价值，但逐行对比表4.1与表4.2发现，改进成本较低的零部件1的产能对装配商而言更有利，这与直觉刚

好相反。其原因在于从零部件完全互补这一点来看，两个零部件的
"价值"是相当的，即只要缺了任何一个，装配商都无法组装成最
终产品进行销售。因此，当两个零部件的随机产能相同时，出于对
订购费用的考虑，装配商偏好于改进成本较低的零部件 1 的产能。
需要注意的是，当 $\sigma_1 < \sigma_2$ 时，观察结果 1 可能不再成立，这取决于
两方面因素的利益权衡：一方面是改进零部件 1 可节约的购买成本，
另一方面是改进零部件 2 可提升的产能匹配水平（即 $\min\{K_1, K_2\}$ 的
随机增大）。

表 4.3 给出零部件 1 与 2 的产能均值分别下降与上升而其他参
数保持不变时最优解（u^*, p^*）及最优利润 $\prod^*$ 的取值，其中 $\sigma_1 = \sigma_2 = 20$。

表 4.3　　μ_1 与 μ_2 同时变化时（u^*, p^*）及 $\prod^*$ 的取值

$\mu_1 \downarrow$	$\mu_2 \uparrow$	$\beta = 1.1$			$\beta = 1.5$			$\beta = 2$		
		$u^* \uparrow\downarrow$	$p^* \downarrow\uparrow$	$\prod^* \uparrow\downarrow$	$u^* \uparrow\downarrow$	$p^* \downarrow\uparrow$	$\prod^* \uparrow\downarrow$	$u^* \uparrow\downarrow$	$p^* \downarrow\uparrow$	$\prod^* \uparrow\downarrow$
70	60	2.126	33.145	63.969	3.690	9.023	22.165	2.770	6.009	8.310
69	61	2.127	33.134	63.971	3.691	9.021	22.170	2.770	6.008	8.312
68	62	2.127	33.125	63.980	3.691	9.020	22.174	2.771	6.008	8.314
67	63	2.128	33.121	63.986	3.692	9.020	22.176	2.771	6.008	8.315
66	64	2.128	33.118	63.990	3.692	9.019	22.177	2.771	6.008	8.315
65	65	2.128	33.119	63.991	3.692	9.020	22.177	2.771	6.008	8.315
64	66	2.128	33.122	63.989	3.691	9.021	22.176	2.770	6.008	8.314
63	67	2.128	33.128	63.985	3.690	9.022	22.174	2.770	6.009	8.313
62	68	2.127	33.135	63.978	3.689	9.024	22.170	2.769	6.010	8.311
61	69	2.126	33.147	63.969	3.688	9.026	22.165	2.768	6.011	8.309
60	70	2.125	33.163	63.956	3.686	9.029	22.159	2.767	6.012	8.306

表 4.3 中的 "x↑↓" 表示变量先增后减，"x↓↑" 表示变量
先减后增。观察表 4.3 可得以下结果。

观察结果3：当$\mu_i \neq \mu_j$时，若同时变动μ_i与μ_j使其都向$(\mu_i + \mu_j)/2$靠拢，则$\prod^*$将增大。换言之，使两个零部件产能均值趋同能使装配商获得更大利润。

管理启示：当装配商想要帮助供应商投资新的生产线或者是激励它们加班加点时，在资源有限的情况下，其应以平衡两个零部件供应商的产能均值为目标，合理地分配其资源。

（2）产能方差的影响。

表4.4给出零部件1的产能方差变化而其他参数保持不变时，最优解（u^*，p^*）及最优利润$\prod^*$的取值，其中$\mu_1 = \mu_2 = 60$，$\sigma_2 = 20$。

表4.4 σ_1变化时（u^*，p^*）及$\prod^*$的取值

$\sigma_1\downarrow$	$\beta=1.1$				$\beta=1.5$				$\beta=2$			
	$u^*\uparrow$	$p^*\downarrow$	$\prod^*\uparrow$	$\delta\downarrow$	$u^*\uparrow$	$p^*\downarrow$	$\prod^*\uparrow$	$\delta\downarrow$	$u^*\uparrow$	$p^*\downarrow$	$\prod^*\uparrow$	$\delta\downarrow$
20	2.118	33.26	63.87	—	3.677	9.043	22.12	—	2.761	6.018	8.291	—
19	2.122	33.21	63.91	0.69	3.683	9.034	22.14	0.96	2.765	6.014	8.300	1.13
18	2.124	33.17	63.94	0.46	3.687	9.028	22.16	0.66	2.768	6.011	8.307	0.76
17	2.126	33.15	63.96	0.29	3.690	9.023	22.16	0.41	2.770	6.009	8.310	0.47
16	2.127	33.13	63.97	0.16	3.691	9.021	22.17	0.24	2.771	6.008	8.313	0.27
15	2.127	33.12	63.98	0.08	3.692	9.019	22.17	0.12	2.771	6.007	8.314	0.13
14	2.128	33.12	63.98	0.03	3.693	9.018	22.17	0.05	2.772	6.007	8.314	0.06
13	2.128	33.12	63.98	0.01	3.693	9.018	22.17	0.02	2.772	6.007	8.314	0.02
12	2.128	33.12	63.98	0.00	3.693	9.018	22.17	0.00	2.772	6.007	8.314	0.00
11	2.128	33.12	63.98	0.00	3.693	9.018	22.17	0.00	2.772	6.007	8.314	0.00
10	2.128	33.12	63.98	0.00	3.693	9.018	22.17	0.00	2.772	6.007	8.314	0.00

表4.5给出零部件1的产能方差变化而其他参数保持不变时，最优解（u^*，p^*）及最优利润$\prod^*$的取值，其中$\mu_1 = \mu_2 = 60$，$\sigma_1 = 20$。

表 4.5　　　　　　　　σ_2 变化时 (u^*, p^*) 及 Π^* 的取值

$\sigma_2\downarrow$	$\beta=1.1$				$\beta=1.5$				$\beta=2$			
	$u^*\uparrow$	$p^*\downarrow$	$\Pi^{*\uparrow}$	$\delta\downarrow$	$u^*\uparrow$	$p^*\downarrow$	$\Pi^{*\uparrow}$	$\delta\downarrow$	$u^*\uparrow$	$p^*\downarrow$	$\Pi^{*\uparrow}$	$\delta\downarrow$
20	2.118	33.26	63.87	—	3.677	9.043	22.12	—	2.762	6.018	8.298	—
19	2.121	33.22	63.91	0.67	3.681	9.037	22.14	0.84	2.764	6.015	8.303	0.90
18	2.123	33.19	63.94	0.45	3.684	9.032	22.15	0.57	2.765	6.013	8.307	0.61
17	2.125	33.16	63.96	0.28	3.686	9.029	22.16	0.36	2.767	6.012	8.308	0.38
16	2.125	33.15	63.97	0.15	3.687	9.027	22.16	0.21	2.767	6.012	8.309	0.21
15	2.126	33.14	63.97	0.08	3.688	9.026	22.17	0.10	2.768	6.011	8.310	0.11
14	2.126	33.14	63.97	0.03	3.688	9.026	22.17	0.04	2.768	6.011	8.310	0.04
13	2.126	33.14	63.97	0.01	3.688	9.025	22.17	0.02	2.768	6.011	8.310	0.01
12	2.126	33.14	63.97	0.00	3.688	9.025	22.17	0.00	2.768	6.011	8.310	0.00
11	2.126	33.14	63.97	0.00	3.688	9.025	22.17	0.00	2.768	6.011	8.310	0.00
10	2.126	33.14	63.97	0.00	3.688	9.025	22.17	0.00	2.768	6.011	8.31	0.00

观察表 4.4 与表 4.5 可得以下结果。

观察结果 4：保持其他不变，若 σ_i 减小，则 u^* 增大、p^* 减小、Π^* 增大、δ 减小。换言之，当任一零部件产能的方差降低时，零部件订购量增大，最终产品价格减小，装配商获取的期望利润增大，但方差提升对于装配商利润的边际促进作用减小。

管理启示：加强对生产设备的预防性维护（preventive maintenance）、加强对工人的培训教育以减少操作失误等都可视为能使产能方差下降的一类改进。可想而知，当零部件供应商的产能方差变小时，其供应量变得更加稳定，装配商的最优订购量将会上升，同时其应使最终产品价格下降以刺激需求，最终因为供需更加匹配而使得其利润上升。但是，当预防性维护或教育培训的投入越来越高时，其能换来的利润提升（δ）将越来越低。这一点符合常理，毕竟利润的来源归根结底在于需求一端，当供应商的供应能

力足够稳定时，再提高其稳定的意义也不大了。同样地，与提升产能均值的情况类似，当装配商主动或被动地投入供应风险管理（如被要求分担预防性维护支出或对工人培训教育）时，装配商需要对相应的投入成本与供应风险降低能换取的利润增额进行科学权衡。

观察结果 5：在初始状态为 $\mu_1 = \mu_2$，$\sigma_1 = \sigma_2$ 时，对于某个 $i \in \{1,2\}$，若保持其他不变而使 σ_i 下降至 $\sigma_i - \Delta\sigma$，则相应地 $\prod^*$ 增大至 $\prod^* + \Delta_i'$，其中 $\Delta\sigma$，$\Delta_i' > 0$；并且，若 $w_i \leq w_j$，则 $\Delta_i' \geq \Delta_j'$。换言之，当两个零部件的产能具有同样的均值与方差时，改进任意一个零部件的产能使其方差下降，都能使装配商获得更大利润，而改进成本较低的零部件的产能对装配商而言更有利。

管理启示：从直觉出发，因为零部件 2 的价值较高，故其产能变得更稳定，比零部件 1 的产能变得更稳定对装配商而言似乎更有价值，但逐行对比表 4.4 与表 4.6 发现，改进成本较低的零部件 1 的产能对装配商而言更有利！其原因与均值变化的情况类似，即从零部件完全互补这一点来看，两个零部件的"价值"是相当的，出于对订购费用的考虑，装配商偏好于改进成本较低的零部件 1 的产能。需要注意的是，当 $\mu_1 > \mu_2$ 时，观察结果 5 可能不再成立。同样，这取决于两方面因素的利益权衡：一方面是改进零部件 1 可节约的购买成本，另一方面是改进零部件 2 可提升的产能水平（即 $\min\{K_1, K_2\}$ 的随机增大）。

表 4.6 给出零部件 1 与零部件 2 的产能方差分别反向变化而其他参数保持不变时，最优解（u^*，p^*）及最优利润 $\prod^*$ 的取值，其中 $\mu_1 = \mu_2 = 60$。

表 4.6　　　　σ_1 与 σ_2 同时变化时（u^*，p^*）及 $\prod^*$ 的取值

$\sigma_1\downarrow$	$\sigma_2\uparrow$	$\beta=1.1$			$\beta=1.5$			$\beta=2$		
		$u^*\uparrow\downarrow$	$p^*\downarrow\uparrow$	$\prod^*\uparrow\downarrow$	$u^*\uparrow\downarrow$	$p^*\downarrow\uparrow$	$\prod^*\uparrow\downarrow$	$u^*\uparrow\downarrow$	$p^*\downarrow\uparrow$	$\prod^*\uparrow\downarrow$
20	10	2.126	33.14	63.97	3.688	9.025	22.17	2.768	6.011	8.310
19	11	2.130	33.09	64.02	3.694	9.016	22.19	2.771	6.007	8.319
18	12	2.132	33.05	64.05	3.698	9.010	22.20	2.774	6.004	8.325
17	13	2.134	33.03	64.07	3.700	9.006	22.21	2.776	6.002	8.329
16	14	2.135	33.01	64.08	3.702	9.003	22.22	2.777	6.001	8.331
15	15	2.135	33.01	64.08	3.703	9.002	22.22	2.777	6.001	8.332
14	16	2.135	33.01	64.08	3.702	9.002	22.22	2.777	6.001	8.332
13	17	2.134	33.02	64.07	3.701	9.004	22.21	2.777	6.001	8.330
12	18	2.133	33.05	64.05	3.699	9.007	22.21	2.776	6.003	8.327
11	19	2.130	33.08	64.02	3.697	9.012	22.19	2.774	6.004	8.322
10	20	2.128	33.12	63.98	3.693	9.018	22.17	2.772	6.007	8.314

观察表 4.6 可得以下结果。

观察结果 6：当 $\sigma_i\neq\sigma_j$ 时，若同时变动 σ_i 与 σ_j 使其都向（$\sigma_i+\sigma_j$）/2 靠拢，则 $\prod^*$ 将增大。换言之，使两个零部件产能方差趋同能使装配商获得更大利润。

管理启示：当装配商想要间接投资产能（如帮助供应商加强对生产设备的预防性维护、加强对工人的培训教育等使产能方差下降的举措）时，在资源有限的情况下，其应以平衡两个零部件供应商的产能稳定性为目标，合理地分配其资源。

以上观察结果 1～6 综合说明了当装配商在选择供应商或装配商想要投资（直接或间接投资）以改善供应商的供应能力时，其应以大均值、小方差与小差异三个指标为标准，即不单要提高零部件供应商的产能，还要使其更加稳定，并且要使各个零部件产能尽量匹配。

4.2　随机供需条件下的订购—定价模型

本节中的随机需求 $D(p,\epsilon) = \epsilon y(p)$，其中 $y(p)$ 是关于 p 的单调减函数，ϵ 是独立于 p 的随机变量，代表市场的随机扰动。令 $\phi(\cdot)$ 与 $\Phi(\cdot)$ 分别表示 ϵ 的概率分布函数与累积分布函数，令 $\bar{\Phi}(\cdot) = 1 - \Phi(\cdot)$，而 $r(\cdot) = \phi(\cdot)/\bar{\Phi}(\cdot)$ 表示失败率或故障率（hazard rate）函数。假设 ϵ 定义在支撑集 $[B, C]$ 上，$C > B \geqslant 0$，若 $E(\epsilon) = 1$，则 $y(p)$ 是需求的期望值。装配商需要同时就零部件订购与最终产品定价做出决策，其期望利润函数为：

$$\prod(\boldsymbol{u},p) = E[p\min\{\min\{u_1,K_1\},\cdots,\min\{u_n,K_n\},D(p,\epsilon)\}$$

$$- \sum_{i=1}^{n} w_i \min\{u_i,K_i\}]$$

$$= E[p\min\{u_1,\cdots,u_n,K_1,\cdots,K_n,\epsilon y(p)\}$$

$$- \sum_{i=1}^{n} w_i \min\{u_i,K_i\}] \tag{4.7}$$

其中 E 表示关于 K_i，$i = 1,\cdots,n$ 与 ϵ 的期望。装配商需要同时决策 $\boldsymbol{u} = (u_1,\cdots,u_n)$ 与 p 以最大化其期望利润。

容易证明引理 4 在随机供需的情况下仍然成立，即装配商仍应按等比例订购零部件，故装配商的期望利润函数可写为：

$$\prod(u,p) = E[p\min\{u,K,\epsilon y(p)\} - \sum_{i=1}^{n} w_i \min\{u,K_i\}]$$

$$\tag{4.8}$$

其中，$K \equiv \min\{K_1,\cdots,K_n\}$。

注意到当不存在任何产能约束时，装配商的问题退化为一个经典报童框架下的订购—定价模型[82]，如彼得鲁奇和达达[82]中所用的方法，可定义 $z = u/y(p)$ 为所谓的"库存因子"（stocking factor），从而能够将订购决策 u 与 p 从 $\mathrm{E}[\min\{u,\epsilon y(p)\}]$ 这一复杂的关系中分离出来，有利于分析并最终刻画出最优的订购与定价决策。但在本章中，如式（4.8）所示，随机供应 K 的存在使得这一技巧不再适用，最优解的刻画变得更加困难。因此，下面分别求解给定任一可行价格与订购量时，相应的最优订购量与最优价格。

4.2.1　任一可行价格对应的最优订购量

对于任一可行价格，其对应的最优订购量如以下命题所示。

命题 10：对于任一可行价格 $p \geqslant \sum_{i=1}^{n} w_i$，其对应的最优订购量 $u^*(p) \geqslant 0$，是以下方程：

$$p\,\bar{F}(u)\,\bar{\Phi}\left(\frac{u}{y(p)}\right) - \sum_{i=1}^{n} w_i\,\bar{F}_i(u) = 0 \tag{4.9}$$

或，等价地：

$$p\,\bar{\Phi}\left(\frac{u}{y(p)}\right) - \sum_{i=1}^{n} w_i\Big/ \prod_{j\neq i}\bar{F}_j(u) = 0 \tag{4.10}$$

的唯一且有限的解。

根据式（4.9），利用隐函数求导法则，可得：

$$\frac{\mathrm{d}u^*(p)}{\mathrm{d}p} = -\frac{\bar{F}(u^*(p))\left[\bar{\Phi}\left(\dfrac{u^*(p)}{y(p)}\right) + \dfrac{u^*(p)py'(p)}{[y(p)]^2}\phi\left(\dfrac{u^*(p)}{y(p)}\right)\right]}{-pf(u^*(p))\,\bar{\Phi}\left(\dfrac{u^*(p)}{y(p)}\right) - \dfrac{p\bar{F}(u^*(p))}{y(p)}\phi\left(\dfrac{u^*(p)}{y(p)}\right) + \sum_{i=1}^{n} w_i f_i(u^*(p))}$$

其中分子中第一项为正，第二项为负，$\mathrm{d}u^*(p)/\mathrm{d}p$ 的符号难以判定。可见与确定需求的情况相比，随机需求下的最优订购量与价格的关系变得复杂。下面给出在特定条件下最优订购量与价格的单调关系。

定义2：记 $\bar\Phi(u/y(p)) = \Pr(\epsilon y(p) \geqslant u)$，其为供应量为 u 时供不应求的概率，定义：

$$\xi(u,p) = -\frac{\partial \bar\Phi\left(\dfrac{u}{y(p)}\right)/\partial p}{\bar\Phi\left(\dfrac{u}{y(p)}\right)/p}$$

为供应量为 u 时供不应求的概率关于价格 p 的弹性。该定义最先由科贾伯耶克奥卢与波佩斯库[85]提出，其称为 "lost-sales rate elasticity"。

性质6：当 $\xi(u^*(p),p) \geqslant 1$ 时，$\mathrm{d}u^*(p)/\mathrm{d}p \leqslant 0$，即最优订购量是价格的减函数。

证明：因为 $\xi(u^*(p),p) \geqslant 1$ 等价于：

$$\bar\Phi\left(\frac{u^*(p)}{y(p)}\right) + \frac{u^*(p)py'(p)}{[y(p)]^2}\phi\left(\frac{u^*(p)}{y(p)}\right) \leqslant 0$$

而根据式（4.10）与 $f(x) = \sum_{i=1}^{n} f_i(x)\prod_{j\neq i}\bar F_j(x)$ 可知：

$$pf(u^*(p))\,\bar\Phi\left(\frac{u^*(p)}{y(p)}\right) - \sum_{i=1}^{n} w_i f_i(u^*(p))$$

$$= \sum_{i=1}^{n}[f_i(u^*(p))\prod_{j\neq i}\bar F_j(u^*(p))] \times \sum_{i=1}^{n} w_i/\prod_{j\neq i}\bar F_j(u^*(p))$$

$$- \sum_{i=1}^{n} w_i f_i(u^*(p)) > 0$$

根据以上两个不等式，可判定 $\mathrm{d}u^*(p)/\mathrm{d}p \leqslant 0$。

$\xi(u^*(p),p) \geqslant 1$ 的含义是：假设装配商拥有 $u^*(p)$ 件产品，若价格增大一个百分比，则出现供不应求的概率就降低超过一个百分比，因此价格上升时装配商应适当减少订购。此时，尽管随机供应的存在会使收货量随机地比订购量少，但装配商在订购时仍应适当减少订购量，否则收货量有可能高于装配商所需要的，反而出现供过于求的情况。

性质7：最优订购量 $u^*(p)$ 随着需求随机增大（即 ϵ 随机增

大）而增大，随着零部件产能（K_i，$i = 1$，$\cdots$，n）随机增大而增大。

证明： 假设其他不变而 ϵ 随机增大为 $\underline{\epsilon}$（意即对 $\forall x > 0$，均有 $\overline{\Phi}(x) \geqslant \underline{\Phi}(x)$，其中 $\underline{\Phi}(\cdot)$ 为 $\underline{\epsilon}$ 的累积分布函数），令 $\underline{u}^*(p)$ 表示需求变大后的最优订购量，由式（4.10）有：

$$p\,\overline{\underline{\Phi}}\left(\frac{\underline{u}^*(p)}{y(p)}\right) - \sum\nolimits_{i=1}^{n} w_i / \prod\nolimits_{j \neq i} \overline{F}_j(\underline{u}^*(p)) =$$

$$p\,\overline{\Phi}\left(\frac{u^*(p)}{y(p)}\right) - \sum\nolimits_{i=1}^{n} w_i / \prod\nolimits_{j \neq i} \overline{F}_j(u^*(p))$$

则可知应有 $u^*(p) \leqslant \underline{u}^*(p)$，第一部分得证。同样，容易根据式（4.9）证明第二部分。实际上第二部分是第 3 章结论的特例，它们都表明只要某个零部件的产能有所增大，则所有零部件的订购量都会增大，这是由零部件的完全互补性质决定的。

4.2.2 任一订购量对应的最优价格

对于任一零部件订购量，其对应的最优价格如以下命题所示。

命题 11： 对于任意 $u \geqslant 0$，若 $py(p)$ 为关于 p 的凹函数，则 $\prod(u,p)$ 是关于 p 的凹函数，其唯一的无约束极大值 $\hat{p}(u)$ 满足：

$$E[\min\{u, K, \epsilon y(\hat{p}(u))\}] + \hat{p}(u)\frac{\partial E[\min\{u, K, \epsilon y(\hat{p}(u))\}]}{\partial p} = 0$$

若 $\hat{p}(u) \geqslant \sum\nolimits_{i=1}^{n} w_i$，则最优价格 $p^*(u) = \hat{p}(u)$，否则 $p^*(u) = \sum\nolimits_{i=1}^{n} w_i$。

对 $\partial\prod(u,\hat{p}(u))/\partial p = 0$ 运用隐函数求导法则，可得：

$$\frac{\mathrm{d}\hat{p}(u)}{\mathrm{d}u} = -\frac{\dfrac{\partial^2\prod(u,\hat{p}(u))}{\partial p^2}}{\overline{F}(u)\left[\overline{\Phi}\left(\dfrac{u}{y(\hat{p}(u))}\right) + \dfrac{u\hat{p}(u)y'(\hat{p}(u))}{[y(\hat{p}(u))]^2}\phi\left(\dfrac{u}{y(\hat{p}(u))}\right)\right]}$$

性质 8：若 $py(p)$ 为关于 p 的凹函数，当 $\xi(u,\hat{p}(u)) \geq 1$ 时，$\mathrm{d}\hat{p}(u)/\mathrm{d}u \leq 0$，即最优价格是订购量的减函数。

证明：因为 $\xi(u,\hat{p}(u)) \geq 1$ 等价于：

$$\bar{\Phi}\left(\frac{u}{y(\hat{p}(u))}\right) + \frac{u\hat{p}(u)y'(\hat{p}(u))}{[y(\hat{p}(u))]^2}\phi\left(\frac{u}{y(\hat{p}(u))}\right) \leq 0$$

又由本书附录 B 中命题 11 的证明可知 $\partial^2\prod(u,\hat{p}(u))/\partial p^2 \leq 0$，因此可判定 $\mathrm{d}\hat{p}(u)/\mathrm{d}u \leq 0$。

由性质 6 与性质 8 可见，与需求确定时的情况不同，在随机需求下，$\prod(u,p)$ 不一定是次模函数，价格决策与订购决策不一定具有可替代性，调高价格不一定意味着要减少订购量，而增加订购量不一定意味着要调低价格。但在一般情况下（指 $\xi(u,p)$ 满足递增性[85]），性质 6 与性质 8 中的结论仍成立。

4.2.3　最优订购—定价联合决策

4.2.1 节和 4.2.2 节已经分别刻画给定价格 p 时的最优订购量 $u^*(p)$ 与给定订购量 u 时的最优价格 $p^*(u)$，但 $u^*(p)$ 与 $p^*(u)$ 只分别代表函数 $\prod(u,p)$ 的两条最优路径，联合最优解 (u^*,p^*) 仍未得知。

因为 $u^*(p)$ 比 $p^*(u)$ 具有更为简单的形式，故本书沿着 $u^*(p)$ 这一最优路径寻找联合最优解。将 $u^*(p)$ 代入 $\prod(u,p)$，则装配商的问题变为：

$$\max_{p \geq \sum_{i=1}^{n}w_i}\prod(u^*(p),p) = \mathrm{E}\Big[p\min\{u^*(p),K,cy(p)\} - \sum_{i=1}^{n}w_i\min\{u^*(p),K_i\}\Big]$$

对 $\prod(u^*(p),p)$ 求导有：

$$\frac{\mathrm{d}\prod(u^*(p),p)}{\mathrm{d}p} = \frac{\partial\prod(u^*(p),p)}{\partial p} + \frac{\partial\prod(u^*(p),p)}{\partial u}\frac{\mathrm{d}u^*(p)}{\mathrm{d}p}$$

$$= \frac{\partial \prod (u^*(p),p)}{\partial p}$$

其中，第二个等号的得出用到了 $u^*(p)$ 的最优性，即 $\partial \prod (u^*(p),p)/\partial u = 0$。对 $\mathrm{d} \prod (u^*(p),p)/\mathrm{d}p$ 再求导有：

$$\frac{\mathrm{d}^2 \prod (u^*(p),p)}{\mathrm{d}p^2} = \bar{F}(u^*(p)) \bar{\Phi}\left(\frac{u^*(p)}{y(p)}\right) \frac{\mathrm{d}u^*(p)}{\mathrm{d}p} + 2H(u^*(p),p)$$

$$+ p\left[\frac{\partial H(u^*(p),p)}{\partial p} + \frac{\partial H(u^*(p),p)}{\partial u} \frac{\mathrm{d}u^*(p)}{\mathrm{d}p} \right]$$

$$= \bar{F}(u^*(p))\left[\bar{\Phi}\left(\frac{u^*(p)}{y(p)}\right) + \frac{py'(p)u^*(p)}{[y(p)]^2} \phi\left(\frac{u^*(p)}{y(p)}\right) \right]$$

$$\frac{\mathrm{d}u^*(p)}{\mathrm{d}p} + [2y'(p) + py''(p)] \bar{H}(u^*(p),p)$$

$$- \frac{p[y(p)]^2}{[y(p)]^3}\left[\phi\left(\frac{u^*(p)}{y(p)}\right)[u^*(p)]^2 \bar{F}(u^*(p)) \right.$$

$$\left. + \int_0^{u^*(p)} f(k)\phi\left(\frac{k}{y(p)}\right)k^2 \mathrm{d}k \right]$$

若同样假设 $py(p)$ 为关于 p 的凹函数，则上式中后两项均为负，但第一项等价于：

$$\frac{[\bar{F}(u^*(p))\xi(u^*(p),p)]^2}{pf(u^*(p))\bar{\Phi}\left(\frac{u^*(p)}{y(p)}\right) + \frac{p\bar{F}(u^*(p))}{y(p)}\phi\left(\frac{u^*(p)}{y(p)}\right) - \sum_{i=1}^n w_i f_i(u^*(p))}$$

其为正项，故难以判断 $\mathrm{d}^2 \prod (u^*(p),p)/\mathrm{d}p^2$ 的符号，从而不能对 $\mathrm{d} \prod (u^*(p),p)/\mathrm{d}p = 0$ 的解的唯一性下定论。但是，可根据以上分析得到如下命题。

命题 12：最优订购—定价联合决策 (u^*, p^*) 满足以下条件：

$$\begin{cases} \mathrm{E}[\min\{u^*,K,\epsilon y(p^*)\}] + p^* \dfrac{\partial \mathrm{E}[\min\{u^*,K,\epsilon y(p^*)\}]}{\partial p} = 0 \\ p^* \bar{F}(u^*) \bar{\Phi}\left(\dfrac{u^*}{y(p^*)}\right) - \sum_{i=1}^n w_i \bar{F}_i(u^*) = 0 \end{cases}$$

$$(4.11)$$

证明：最优订购—定价联合决策 (u^*, p^*) 应满足一阶条件 [即式（4.11）] 与可行解条件（即 $u^* \geq 0$ 与 $p^* \geq \sum_{i=1}^{n} w_i$ ），当 (u^*, p^*) 满足式（4.11）时，其满足可行解条件，否则，若 $u^* < 0$，将有 $E[\min\{u^*, K, \epsilon y(p^*)\}] < 0$，$\partial E[\min\{u^*, K, \epsilon y(p^*)\}]/ \partial p \leq 0$，与式（4.11）中的第一个等式矛盾；若 $p^* < \sum_{i=1}^{n} w_i$，则：

$$p^* \overline{F}(u^*) \overline{\Phi}\left(\frac{u^*}{y(p^*)}\right) - \sum_{i=1}^{n} w_i \overline{F}_i(u^*) =$$

$$\overline{F}(u^*)\left[p^* - \sum_{i=1}^{n} w_i \overline{F}_i(u^*)/ \overline{F}(u)\right] < 0$$

与式（4.11）中的第二个等式矛盾。

一阶条件式（4.11）可能有多个解，令 (u_1^*, p_1^*) 与 (u_2^*, p_2^*) 表示式（4.11）的两个解，若 $u_2^* \geq u_1^*$ 且 $p_2^* \geq p_1^*$，则可以肯定 (u_1^*, p_1^*) 不是最优解。在其他情况下，需要对比 $\prod(u_1^*, p_1^*)$ 与 $\prod(u_2^*, p_2^*)$ 才能确定哪一个解更优。当式（4.11）有很多个解时，确定最优解需要较大的计算量。

4.2.4 数值实验二：供需均随机时的灵敏性分析

类似数值实验一中的设计，考虑 $n=2$ 的装配系统，零部件批发价为 $w_1 = 1 < w_2 = 2$。需求函数为 $D(p, \epsilon) = \epsilon \cdot \alpha p^{-\beta}$，$\alpha$，$\beta > 0$。同样只考虑 $\beta > 1$ 即弹性需求的情况。需求随机因素不依赖于价格，并且服从均值为1的正态分布，即 $\epsilon \cdot N(1, \upsilon)$，$1 \gg \sigma > 0$ 表示方差较均值小得多，从而 ϵ 取负值的概率几乎为零。此时 $E[D(p, \epsilon)] = \alpha p^{-\beta}$，代表装配商对需求的预测。令 $\alpha = 100$，在以下算例中令 β 在 $\{1.1, 1.5, 2.0\}$ 内变动以考察需求价格弹性的影响。

假设各零部件供应商的随机产能均服从 Weibull 分布，即 $K_i \sim$

$Weibull$ (λ_i, κ_i), $i = 1$, 2, $\kappa_i \in \mathbb{N}^+$, $\lambda_i > 0$, K_i 的支撑集为 $[0,$ $\infty)$。K_i 的均值为 $\lambda_i \Gamma(1 + 1/\kappa_i)$, 方差为 $\lambda_i^2 \Gamma(1 + 2/\kappa_i)$ - $(\Gamma(1 + 1/\kappa_i))^2$。Weibull 分布是可靠性工程领域常用的分布，用以描述一个系统或部件在某段时间内正常运行的能力。若用 Weibull 分布来描述关于"失败—时间"的变量，则其隐含着失败率与时间的幂数成比例关系，并且当形状参数 $\kappa_i > 1$ 时，表明失败率随时间递增。因为产能在很大程度上取决于生产制造系统的可靠性或失败率，所以用 Weibull 分布来刻画随机产能比较贴切。Weibull 分布的概率密度函数严重依赖于形状参数 κ_i，当 κ_i 较大时，其概率密度函数具有单峰形状，可表明随机产能在单峰（代表最初的设计产能）的周围波动，比较符合实际情况。因此，在以下算例中，令 $\kappa_i = 5$，$i = 1$，2（即两个供应商的初始设计产能相等，或者装配商从两个供应商处预订的产能相等），只变化尺度参数 λ_i 以考察其影响。

（1）需求方差及需求弹性的影响。

表 4.7 给出需求随机因素的方差变化而其他参数保持不变时，最优解 (u^*, p^*) 及最优利润 $\prod^*$ 的取值。其中，$\lambda_1 = \lambda_2 = 10$，$\sigma$ 以步长 0.01 在 $[0.01, 0.11]$ 上变动，表格中数值根据宽度四舍五入取有限位小数列出。表中用上下箭头表示变量的上升与下降的变化趋势，δ 的定义与前相同。

表 4.7　　　　　σ 变化时 (u^*, p^*) 及 $\prod^*$ 的取值

$\sigma \downarrow$	$\beta = 1.1$				$\beta = 1.5$				$\beta = 2$			
	$u^* \uparrow$	$p^* \downarrow$	$\prod^* \uparrow$	$\delta \uparrow$	$u^* \uparrow$	$p^* \downarrow$	$\prod^* \uparrow$	$\delta \uparrow \downarrow$	$u^* \uparrow$	$p^* \downarrow$	$\prod^* \uparrow$	$\delta \downarrow$
0.11	2.088	38.44	62.89	—	3.416	9.85	20.90		2.529	6.31	7.62	—
0.10	2.091	37.94	62.99	1.62	3.431	9.78	21.02	5.347	2.549	6.28	7.68	8.30
0.09	2.094	37.45	63.09	1.64	3.446	9.72	21.13	5.349	2.570	6.25	7.74	8.27
0.08	2.097	36.96	63.20	1.65	3.460	9.66	21.24	5.349	2.590	6.22	7.81	8.24
0.07	2.100	36.47	63.30	1.67	3.475	9.60	21.35	5.349	2.611	6.20	7.87	8.21

续表

σ↓	β = 1.1				β = 1.5				β = 2			
	u^*↑	p^*↓	Π^*↑	δ↑	u^*↑	p^*↓	Π^*↑	δ↑↓	u^*↑	p^*↓	Π^*↑	δ↓
0.06	2.103	36.00	63.41	1.68	3.489	9.55	21.47	5.347	2.631	6.17	7.94	8.18
0.05	2.105	35.52	63.52	1.70	3.502	9.49	21.58	5.345	2.651	6.15	8.00	8.15
0.04	2.108	35.06	63.63	1.72	3.516	9.43	21.70	5.341	2.672	6.12	8.06	8.11
0.03	2.111	34.60	63.74	1.73	3.529	9.38	21.81	5.336	2.693	6.10	8.13	8.08
0.02	2.113	34.12	63.85	1.75	3.542	9.33	21.93	5.331	2.713	6.07	8.20	8.05
0.01	2.116	33.69	63.96	1.76	3.554	9.28	22.05	5.323	2.734	6.05	8.26	8.01

观察表 4.7 可得以下结果。

观察结果 7：保持其他不变，若 σ 减小，则 u^* 增大、p^* 减小、Π^* 增大，而 δ 的变化依赖于 β。换言之，当需求随机因素的方差变小时，零部件订购量增大，最终产品价格减小，装配商获取的期望利润增大，但其对装配商利润的边际促进作用依赖于需求弹性：当需求弹性较小时，需求方差越小，则边际利润增长率越大；当需求弹性偏大时，需求方差越小，则边际利润增长率先增大后减小；当需求弹性较大时，需求方差越小，则边际利润增长率减小。

管理启示：在乘式需求下，需求方差 $VAR[D(p,\epsilon)] = [y(p)]^2\sigma$，其是关于 p 的减函数、σ 的增函数。如图 4.1 所示，当 σ 减小时，需求方差整体而言会减小，因此，装配商将降低价格以刺激需求并增加订购量。尽管装配商降低价格使得需求方差有增大的趋势，但总体而言，$[y(p_\sigma^*)]^2\sigma$ 仍是随 σ 减小的（p_σ^* 表示对应 σ 的最优价格），这保证了装配商利润随 σ 增大。在现实中，随着电子商务的盛行，越来越多创新型消费类电子产品厂商在网络上销售产品，并且它们往往为其即将推出的新产品策划预售或预订（advance selling/booking[145]，或 presale）的活动，尽管对于这种活动存在许多营销学上的解释，但其对于降低需求方差其实有一定的作用。这是因为预售/订能够预先锁定部分需求，并且通过网站数据统计能够进一步修正需求预测，降低需求估计的偏差。有些智能手机厂商在预售/订后降低价格（产品仍在热卖季度中），尽管这种行为背后的原因可能包括价格竞争、产品关注度下降等，但需求方差的下降或许是厂商降价的重要原因之一。

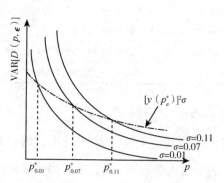

图 4.1　需求方差与价格 p 及随机因素 σ 的关系

观察表 4.1～表 4.7，可以发现以下规律。

观察结果 8：保持其他不变，若 β 增大，则 u^* 先增大后减小，p^* 减小，$\prod^*$ 减小，δ 增大。换言之，当需求弹性变大时，零部件订购量先增大后减小，最终产品价格减小，装配商获取的期望利润减小，但产能均值提升对于装配商利润的边际促进作用增大。

管理启示：当 β 增大时，需求对价格更加敏感，因此最优价格降低，而因为 $u^* = 100(p^*)^{-\beta}$（性质 3），在 β 增大与 p^* 减小的综合影响下，零部件的订购量将先增大后减小。总体而言，装配商获取的期望利润越来越少。更值得注意的是，当 β 增大时，提升产能均值的边际价值（δ）增大，这代表着当需求太敏感而导致需求端可操作的空间变小时，供应端的改善变得更加重要。

（2）产能均值与方差的交叉影响。

图 4.2～图 4.4 给出零部件 i 的产能分布参数以步长 1 在 [1, 21] 上变化而其他参数保持不变时，最优解（u^*，p^*）及最优利

润 $\prod{}^{*}$ 的取值。其中，$\lambda_{3-i}=10$，实线对应 λ_1 固定而 λ_2 变化时参数的取值，虚线对应 λ_2 固定而 λ_1 变化时参数的取值。

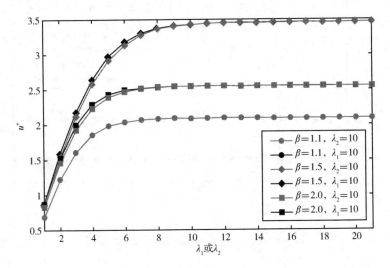

图 4.2　$\lambda_{3-i}=10$ 而 λ_i 变化时 u^* 的取值

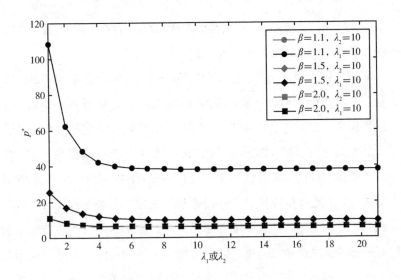

图 4.3　$\lambda_{3-i}=10$ 而 λ_i 变化时 p^* 的取值

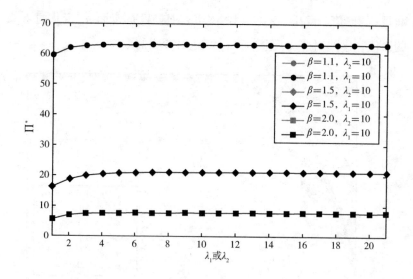

图 4.4　$\lambda_{3-i} = 10$ 而 λ_i 变化时 $\prod\nolimits^{*}$ 的取值

观察结果9：对于 $i = 1$，2，保持 $\lambda_{3-i} = 10$ 和其他参数不变，若 λ_i 增大，则 u^* 增大、p^* 减小、$\prod^*$ 增大。并且，对比"λ_1 增大 λ_2 不变"与"λ_2 增大 λ_1 不变"两种情况发现，前者中的 u^* 比后者中的小，而两种情况下的 p^*、$\prod^*$ 几乎一致。

管理启示：当 λ_i 变大时，期望产能变大，但产能也变得越来越不稳定。λ_i 的增大可以解释为零部件供应商 i 将其业务再外包给多个二级供应商。此时，总体而言，零部件 i 的产能（供应量）均值变大了，装配商能够增加订购量、降低产品价格并最终获取更高利润。但是，二级供应商的增多也使得生产过程中面对的风险更大，从而导致零部件 i 的产能（供应量）变得越来越不稳定。对装配商而言，当供应商 i 之下的二级供应商数量逐渐增大时，零部件 i 的产能均值增大的好处逐渐被其产能方差增大的风险抵消，装配商能获得的利润增额越来越小。因此，在存在供应风险时，装配商有必要加强对二级供应商的管理。现实中许多装配商也越来越重视供应链的可视性。

以上结果的一个前提条件是 $\lambda_{3-i} = 10$，即零部件 $3 - i$ 的产能相对已经比较充足（$\mathrm{E}[K_{3-i}] \approx 9$）。当零部件 $3-i$ 的产能并不充足时（如 $\lambda_{3-i} = 1$），增大 λ_i 将出现极其不同的情况，如图 4.5 ~ 图 4.7 所示。

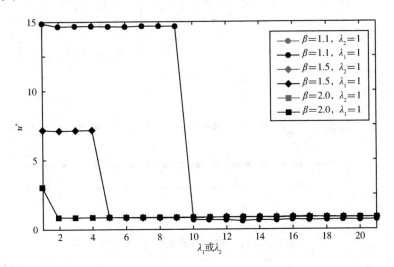

图 4.5　$\lambda_{3-i} = 1$ 而 λ_i 变化时 u^* 的取值

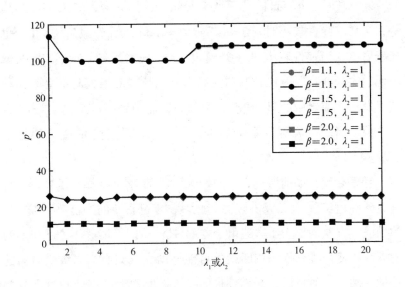

图 4.6　$\lambda_{3-i} = 1$ 而 λ_i 变化时 p^* 的取值

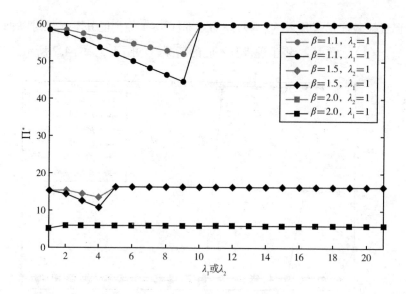

图 4.7　$\lambda_{3-i}=1$ 而 λ_i 变化时 $\prod^*$ 的取值

观察结果 10：对于 $i=1$，2，保持 $\lambda_{3-i}=1$ 和其他参数不变，若 λ_i 增大，则 u^*、p^* 与 $\prod^*$ 非单调地变化。整体而言，u^* 有减小的趋势；当需求弹性较小时（$\beta=1.1$ 或 $\beta=1.5$），p^* 先减后增，$\prod^*$ 也先减后增，当弹性较大时（$\beta=2.0$），p^* 先增后减，而 $\prod^*$ 极其微小地增大。并且，对比"λ_1 增大 λ_2 不变"与"λ_2 增大 λ_1 不变"两种情况发现，前者中的 $\prod^*$ 比后者中的大，而两种情况下的 u^*、p^* 几乎一致。当 λ_i 增大到某个临界点后，u^*、p^* 与 $\prod^*$ 的变化均趋于平缓。

管理启示：如前所述，λ_i 的增大可以解释为零部件供应商 i 将其业务外包给多个二级供应商。此时，零部件 i 的产能（供应量）的均值与方差均变大了。但由于零部件 $3-i$ 的产能并不充足，λ_i 的增大反而使得零部件不相匹配的可能性增大。只有当二级供应商的数量多到一定数目后，即零部件 i 产能均值增大的好处超过其方差变大的坏处后，装配商才能够勉强获取更高利润，但增额极小。因此，供应商 i 的二级供应商数量增大对装配商而言并不一定有利。

另外，当装配商要鼓励其零部件供应商发展二级供应商时，它应该鼓励那些具有产能瓶颈的供应商，否则有可能利润受损。

4.3　本章小结

本章建立了零部件订购与最终产品定价的联合决策模型。首先考虑了需求确定且价格依赖以及供应随机这种情况下的模型，刻画了最优解存在性与唯一性的充分必要条件。然后，将模型扩展，考虑供应与需求都随机的情况，给出关于最优解的必要条件。最后，通过数值实验进行灵敏性分析探讨了随机供需对最优解的影响。

第 5 章 模型的算例验证

前几章对装配商在随机供需条件下的零部件订购与最终产品定价决策进行了理论研究,刻画了最优联合策略并分析了随机供需的影响。为验证本书模型与方法的有效性,这一章以国内智能手机厂商 W 公司为例,抽象并提炼出其在随机供需下的订购与定价决策问题,对比分析本书模型与一般方法的适用性,为管理实践提供有益的借鉴。

5.1　算例生成及背景

W 公司打算在即将来临的销售季前推出一款新产品,但该新产品涉及较多的新的设计与配置方案,许多新零部件需要定制生产。其中,以手机外壳为典型代表。智能手机具有一定的时尚性,尽管外壳并非一般意义上的核心零部件,但其重要性也越来越凸显。外壳的所谓手感、厚度、散热性能的要求使得外壳的生产变得更加有技术含量,也更加的困难。W 公司目前面临的困难之一就是外壳供应商的产能不确定,与 W 公司长期合作的供应商缺乏制造超薄手机外壳的结构件,也几乎从未接触过此类工艺,在准备量产时出现许多问题,而外壳产能的不确定最终导致了产品供应的不确定。尽管 W 公司已向供应商派驻了专家帮助攻克技术难关以及提高良品率等,但壳体涉及的模具生产资源有限,并且无法在市场中找到替代资源,从增加模具到产出外壳至少需要 2 ~ 3 个月的时间。因此,看似无足轻重的外壳,已跃然成为 W 手机供应链中的瓶颈,尤其是对低、中端机型而言更是主要的瓶颈所在。另一个问题是,外壳是绝对不通用的零部件,一旦库存呆滞或高企不下,相对因外壳无货仅是丢失一些订单而言,其对公司将是更大的打击。因此,尽管 W 公司可以选择利用库存来一定程度上应对产能不确定的风险,但由此带来的更大的库存过剩风险让其望而却步。为了在不确定供需的情况下尽量达到供需平衡，W 公司应该协调订购与定价。具体而言，其需要在不确定外壳供应与不确定市场需求的环境下协调产品定价与零部件订购这两个关键决策。目前，W 公司通过其特有的销售与运营计划（sales and operations planning，S&OP）来协调各个部门的运作，对订购/生产与定价等诸多决策进行协调。S&OP 包含一系列复杂的商业流程，其包括准备销售预测报告、需求计划制定、供应计划制定、S&OP 预备会议、正式的 S&OP 会议等步骤。本书的模型与结论能够为 S&OP 提供较为科学的前端输入或决策支持。

为了验证本书模型与结论的有效性，以下对现实问题进行一定程度的抽象与简化，应用模型进行计算，并与行业中及 W 公司公司常用的一般方法进行对比。需要注意的是，此节并非要批评现实中 W 公司的订购与定价决策方法，毕竟现实中的 S&OP 业务流程比本书模型所假设与界定的要复杂得多，此节的目的是通过模型的求解与分析给 W 公司提供一些有益的管理建议。

假定 W 公司某款待发行的智能手机的市场需求为 $D(p,\epsilon)=\epsilon \cdot \alpha p^{-\beta}$，其中 $\alpha=1000000$ 代表市场潜在的最大需求量，$\beta=1.1$ 代表需求的价格弹性，ϵ 代表市场随机干扰因素。这款手机的外壳的产能 K 具有不确定性，并且服从 Weibull 分布：$K \sim Weibull(\lambda,\kappa)$。假设其他零部件的产能或货源充足，不存在产能不确定性。可想而知在订购其他零部件时应严格按手机要求的比例关系进行订购，如此一来，可以将除外壳以外的所有零部件看作是一个大的部件，手机即由外壳与这一大部件组成。假设每单位外壳的购买价格为 $w_1=¥50$，每单位大部件的购买价格为 ¥950，则一台手机的成本为 ¥1000。当以成本价出售时，其期望需求为 $\alpha 1000^{-\beta} \approx 501$。参照此基本期望需求，假设外壳产能分布的参数 $\lambda=500$，$\kappa=5$，这对参数的取值能够在一定程度上刻画现实中供应商的产能水平。因为任一款新手机都会有新的造型，所以假设外壳的初始库存 $x_1 = 0$，而大部件的初始库存 $x_2 \geqslant 0$。假设所有数量单位已经过恰当处理（如需求的单位为百万）。

5.2　订购决策模型的验证

以往 W 公司一般根据预测来进行订购而忽视随机产能的影响。近来，随着外壳产能不确定性的负面影响越来越突出，W 公司也对随机产能做出反应，但主要以派驻专家、紧密盯单、紧急协调等事务性手段为主，在订购策略制定方面有待进一步提升科学性。本书中的订购决策模型能够为 W 公司的订购策略提供指导。

在第 3 章的订购决策模型中，价格是已经给定的，而前面已经论证在这种情况下最大化利润与最小化成本是等价的。因此，为方便计算与表达，这里仍用最小化成本的标准，并假设给定的价格 $p = ￥1100$，而缺货成本为失去的销售机会成本，即 $b = p$；外壳的库存或处置成本 $h_1 = ￥10$，大部件的残值 $h_2 = -￥500$，$h_1 > 0$ 表示多余的外壳没有残值或残值很低，而且需要处置成本，$h_2 < 0$ 表示多余的大部件具有残值。

在给定价格下，取参数为 $\epsilon \sim N(1, 0.001)$，则需求为 $D \approx \epsilon \cdot 451 \sim N(451, 203)$，根据第 3 章中的核心结论命题 7 及其蕴含的算法，可以求得相应的全局最优解。以下以 $x_2 = 10$ 时的求解作为示例，因为此时 $n = 2$，按式（3.7）求解即可。

求解示例：以 $x_2 = 10$ 为例。

步骤 1：根据假设，$x_1 \leqslant x_2$ 总是成立；

步骤 2：计算 $V = Q^{-1}[55/61] \approx 713$；

步骤 3：因为 $x_2 - V < 0$，所以需要计算 $L(x_2 - x_1) = 610Q(10) -$

$550 + 450 / \bar{F}_1(10) \approx -91$；

步骤4：因为 $L(x_2 - x_1) \leqslant 0$，故需要计算 $\hat{u}_1$，即方程 $610Q(u_1) -$ $550 + 450 / \bar{F}_1(u_1) = 0$ 的唯一解，而最优订购策略为 $u_1^* = \hat{u}_1 \approx 237$，$u_2^* = \hat{u}_1 - x_2 \approx 227$。

也就是说，当大部件的库存只有10单位时，企业的最优订购决策为订购237单位外壳和227单位大部件，二者在目标库存上达到匹配。总之，当大部件的初始库存低于237单位时，企业需要订购 $237 - x_2$ 单位大部件和237单位外壳；当大部件的初始库存超过237单位时，企业不需要订购大部件，但需要继续订购 x_2 单位外壳。而当大部件的初始库存超过713单位时，企业不需要订购大部件，但需要订购713单位外壳，如图5.1所示。

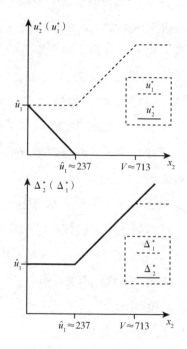

图5.1 验证算例的最优订购策略

之前 W 公司一般根据需求预测来计划订购，对供应端的产能不确定性不够重视，其订购决策可以用经典报童模型来刻画，即：

$$
\boldsymbol{u}^*_\cdot = \begin{cases}
(0,0), & if\ x_1 \geqslant V \\
(V-x_1,0), & if\ x_1 < V \leqslant x_2 \\
(x_2-x_1,0), & if\ \bar{V} < x_2 < V \\
(\bar{V}-x_1,\bar{V}-x_2), & if\ x_2 \leqslant \bar{V}
\end{cases} \tag{5.1}
$$

对比式（5.1）中的$\boldsymbol{u}^*_\cdot$与式（3.7）中$\boldsymbol{u}^*$的可知，当大部件初始库存较多时，本书模型结果与经典报童模型的结果是相同的。也就是说，在大部件初始库存足够多的情况下，忽略外壳产能不确定性而按照经典报童模型来订购并无不妥。但是当大部件初始库存不够多的时候，相对经典报童模型而言，本书模型结果将会为 W 公司节省成本、增加收益（如图 5.2 所示，当大部件初始库存小于 250 单位时，能够节省 10^5 量级的成本）。

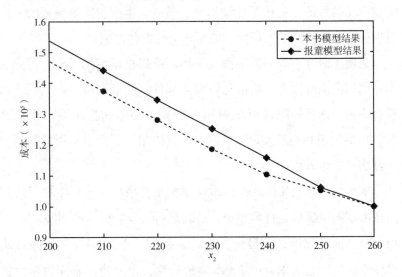

图 5.2　本书模型与经典报童模型的结果对比

此处只演示了 $n=2$ 时的订购决策模型的运用，根据第 3 章中的核心结论命题 7 能够求解 n 取任意数的模型。

5.3　订购—定价联合决策模型的验证

如前所述，W 公司通过 S&OP 协调诸多部门动态地、周期性地对市场变化做出反应，对企业经营状况进行审查，生成相对应的运作计划与销售计划，完成经营计划中的年销售收入、利润等指标，这其中涉及相当多的决策与流程，而其中最基本的一个科学问题是订购（生产）决策与定价（销售）的联合决策问题。

在实际中，在对新产品进行定价时，W 公司除了要考虑市场需求与产业成本，还要考虑市场竞争、消费者行为、市场占有率、品牌声誉、生命周期内动态定价等各种营销学上的诸多因素。在价格确定后，W 公司按需求预测来进行订购，并投入大量资金与人力去实现产品的量产，包括派驻结构件、质量、生产制造等领域的专家长期驻扎在供应商的工厂内部以尽量避免零部件缺货。

为便于研究，本书模型假设手机厂商仅根据市场需求、产业成本、供应商供应能力这些信息做出零部件订购量与最终产品定价的联合决策，并且装配商以单周期（即新产品最初推出的一段热销期）内的期望利润最大化为目标优化其决策。厂商常采用两种简便的订购—定价方法。

第一种方法是先按成本溢价比率确定价格 p_c^1（或称边际定价），再按需求期望值确定订购量 u_c^1。p_c^1 满足 $(p_c^1 - c)/p_c^1 = r$，也即 $p_c^1 = c/(1-r)$，而零部件订购量统一为 $u_c^1 = \alpha (p_c^1)^{-\beta}$。其中 $c = ¥1000$ 为单位产品生产总成本，r 为成本溢价比率，也是边际利润占销售额的比例。

第二种方法是先确定目标销量 u_c^2，再根据需求期望函数逆推价格$p_c^2=(\alpha/u_c^2)^{1/\beta}$。

以上两种订购与定价方法称为"当前订购—定价方法",下面将基于本书模型的"联合订购—定价方法"与之对比。给定产品价格 p 与统一订购量 u(根据引理4,外壳的订购量应与其他零部件的订购量相等,故只用标题 u 表示所有零部件的订购量),可知厂商的期望利润为:

$$\prod(u,p)=\mathrm{E}\big[p\min\{u,K,D(p,\epsilon)\}-(c-w_1)u-w_1\min\{u,K\}\big]$$

取参数为 $\epsilon\sim N(1,0.1)$,其他参数与 5.1 节中相同,则在当前第一种订购—定价方法下的最终产品价格、零部件订购量与相应的厂商期望利润如表 5.1 所示。

表 5.1　　　　　　　当前第一种方法与本书方法的对比

$r\uparrow$	最终产品价格↑	零部件订购量↓	期望销量↓	期望利润↑↓
0.1	1111	446	398	-2087
0.2	1250	392	362	60826
0.3	1429	339	319	117075
0.4	1667	286	272	167718
0.5	2000	234	224	213776
0.6	2500	183	175	255739
0.7	3333	133	128	293228
0.8	5000	85	82	324314
0.9	10000	40	38	**342414**
0.95	20000	19	18	338056
0.99	100000	3	3	300450
本书方法	12589	35	31	**352389**

如表 5.1 所示,按照当前第一种方法,当成本溢价比率增大时,产品价格将增大,零部件订购量与期望销量都将减小,而期望利润将先增大后减小;并且,当成本溢价比率过小时,装配商有可能出

现亏损。又如表 5.1 末行所示，根据命题 12，用 Matlab 求解方程组，可以求解出本书联合订购—定价方法下的最优产品定价为 $p^* \approx$ ￥12589 与零部件订购量为 $u^* \approx 35$ 及相应的厂商期望利润为 $\prod(u^*, p^*) \approx$ ￥352389。可见，与第一种方法相比，总有 $\prod(u^*, p^*) > \prod(u_c^1, p_c^1)$，即装配商运用本书的联合订购—定价方法进行订购与定价决策能获取更高的期望利润。但是，本书联合订购—定价方法下的最优价格偏高，较大于成本价，在实际中可能与品牌形象不相符；而最优订购量偏低，可能达不到厂商的市场占有率或者目标销量的目标。根据 ZOL 中关村在线网的数据，W 公司过去推出的几款产品的参考价格分别为 ￥2388、￥2388、￥1888，而它们的估计成本为 ￥800、￥750、￥700，相应的 r 值分别为 0.66、0.68、0.63。因此，参考表 5.1 中第 7、8 行的数值，可见在当前第一种订购—定价方法下的价格大致与 W 公司品牌形象相符，而零部件订购量也较大，因此最终产品出货量也较大，能更大程度上达到提升市场占有率的目标。本书模型提供的结果可为装配商设定合适的成本溢价比率提供有益的参照。

如表 5.2 所示，按照当前第二种方法，当目标销量增大时，产品价格将减小，零部件订购量与期望销量都将增大，而期望利润将先增大后减小。并且，当目标销量过高时，装配商有可能出现亏损。又如表 5.2 末行所示，与当前第二种方法相比，总有 $\prod(u^*, p^*) > \prod(u_c^2, p_c^2)$，即装配商运用本书的联合订购—定价方法进行订购与定价决策能获取更高的期望利润。但是，如前所述，联合订购—定价方法下的最优价格偏高，远远大于成本价，在实际中可能与品牌形象不相符；而最优订购量偏低，在实际中达不到厂商的市场占有率目标或者目标销量。类似地，本书模型提供的结果可为装配商设定合适的目标销量提供有益的参照。

表 5. 2　　　　　　　　当前第二种方法与本书方法的对比

目标销量 ↑	最终产品价格 ↓	零部件订购量 ↑	期望销量 ↑	期望利润 ↑ ↓
20	18698	20	19	339038
35	11242	35	34	**342776**
50	8129	50	48	340226
100	4329	100	96	315588
150	2994	150	144	281066
200	2305	200	192	242010
250	1882	250	239	199776
300	1594	300	285	154451
350	1386	350	328	105489
400	1228	400	367	52055
450	1103	450	400	− 6559
本书方法	12589	35	31	**352389**

本书中的联合订购—定价方法也可运用于新品推出初期的高额定价（skimming pricing）策略中。所谓的高额定价策略，即在产品生命周期的最初阶段把产品的价格定得很高，以最大程度利用垄断者地位或利用较小的需求弹性来攫取利润，就像从牛奶中撇去最美味的奶油[146]。当厂商认为它可采用高额定价策略时，用联合订购—定价方法能帮助其得出更科学的订购与定价决策。但是，对手机厂商而言，一般只有极其高端的旗舰机才有可能采用高额定价策略。对于非旗舰机的机型，当前订购—定价方法或许是已被经验证实的更好选择。不过，本书中的联合订购—定价方法依然能够提供给厂商有益的参照，尤其是当零部件产能存在不确定性时。

本书模型在实际应用中的主要困难及解决思路如下：

（1）模型假设的局限性。出于对问题复杂性的考虑，在第 4 章的订购—定价联合决策模型中假定了初始库存为零，并且库存成本与缺货成本都忽略不计，在以上算例验证中也保留了这些假设。在现实中，如果初始库存确实非零且不可被忽视，并且库存成本与缺货成本无法忽略不计，那么可以采用如下步骤应用本书模型：先根据经验或者期望的价位确定一个初始价格，接着运用第3章中的订购决策模型结果求解该价格对应的最优订购量以及最优利润，然后再依据不同价位调整价格，重复运用第3章的模型结果，迭代求解，对比不同价格对应的最优利润，最终可以得到实际中可运用的近优解。尽管这一系列步骤意味着较多的复杂计算，但是因为现实中企业实际可选择的价位并不多，上述方法也不失为一种可取的方法。

（2）随机供需概率分布的获取。本书在描述随机供应与需求时采用的是一般的随机分布函数，得到了通用性的结论。但在实际中，要确定具体的分布函数并不容易，特别是对于新产品的需求和新零部件的供应而言，由于缺乏充足的历史数据，确定比较准确的概率分布是比较困难的。为此，需要基于可靠性理论来对零部件的生产过程进行分析，根据详细的生产记录生成随机供应的分布函数。新产品的需求分布函数则可根据许多需求预测工具来得到。

5.4　本章小结

本章以 W 手机厂商为例，抽象现实问题，对比本书模型方法与一般方法。通过求解示例，首先对比本书的订购模型与一般的报童模型，说明本书方法更适用且节约成本，然后对比本书的订购—定价联合决策方法与两种常用的订购—定价方法，综合实际情况说明本书方法在实际运作中具有一定的决策支持作用。

第 6 章 结论与展望

6.1　结　论

本书以创新型消费类电子产品的订购与定价管理实践为背景，针对随机供应与需求条件下装配商的零部件订购与最终产品定价这一管理决策问题，建立相应的非线性随机规划模型，求解了最优的零部件订购策略和最终产品定价策略，获得的主要成果及其创新之处体现在以下几点。

（1）构建了随机供需下装配商的零部件订购决策模型，为求解随机供需下装配系统单周期最优订购策略难题提供了有效的工具，有利于丰富并深化随机环境下订购决策模型的研究，为装配商在随机环境下做出科学的订购策略提供了理论依据。

该模型考虑了包含 n 种零部件的装配系统，每一种零部件的供应量以及组装能力都具有随机性，最终产品面临随机需求，装配商需要在随机供需条件下做出订购与组装的决策。模型结论表明，装配商应选取前 j 个初始库存较小的零部件进行订购，并且应使这些零部件的目标库存相等且小于其他零部件初始库存的最小值；只要一阶随机地提高这 j 个供应商中某一个的供应产能，则它们的订购量都应同时等量增大；j 个零部件的选取具体取决于供应与需求的随机分布及其他成本参数。而在零部件订购与零部件组装二阶段决策过程中，装配商应将所有已匹配的零部件都组装成最终产品。通过分析模型刻画出的最优订购策略能为装配商的订购决策提供有益的借鉴。

（2）构建了随机供需下装配商的零部件订购与最终产品定价的联合决策模型，为求解随机供需下装配系统单周期最优订购—定价联合策略难题提供了新手段，有利于丰富并深化随机环境下订购—

定价联合决策模型的研究，为装配商在随机环境下更好地协调订购与定价两个关键决策，从而更好地平衡供需提供了理论依据。

该模型考虑 n 种零部件的订购量与最终产品价格的联合决策，结论表明：在需求确定的特例中，当零部件的初始库存为零时，尽管存在零部件供应的随机性，装配商也应按等比例订购所有零部件，且订购与定价决策应协调以使订购量等于需求。在随机供需的情况下，装配商仍应等比例订购所有零部件，其订购与定价决策受供需随机分布的影响，难以精确协调，但通过分析仍对最优订购—价格决策进行了刻画。最后通过数值分析说明：增大供应产能的均值（如通过投资新的生产线或是激励供应商加班加点）或减小供应产能的方差（如加强对生产设备的预防性维护、加强对工人的培训教育以减少操作失误等）可以使装配商获益，且应依大均值、小方差与小差异三个指标进行供应商改进，即不单要提高零部件供应商的产能，还要使其更加稳定，并且要使各个零部件产能尽量匹配。另外，当各供应商供应能力相同时，改进成本较低的供应商对装配商而言更有利。这些模型结论与数值分析结果能为装配商的订购—定价决策以及供应商改进提供有益的借鉴。

（3）提出了一种综合分解法与逆推法的解析式求解方法，能够有效求解带有多个相互关联的决策变量和随机变量的优化模型，为求解随机环境下装配系统中单周期的订购与定价决策提供了有效的工具。

该求解方法基于本书中装配系统的特性，首先利用分解法将 n 个订购决策巧妙地化为多个一元订购决策并解出相应的局部最优解，然后利用逆推法处理订购与组装二阶段决策，最后根据约束极值理论求解得到最优订购策略、组装策略与最优订购—定价联合策略。该方法为随机环境下装配系统中优化决策的求解方法提供了新的思路。

6.2　展　　望

随机环境下的生产/订购以及定价决策是运营管理、供应链管理中的前沿研究方向，本书研究了随机供应与需求下装配商的零部件订购与最终产品定价问题，建立了单周期的非线性随机规划模型，获得了一些创新性成果。但是该领域还有很多工作有待深入研究。

（1）高效的求解算法。

在本书模型中，随机零部件产能与随机需求的存在使得模型的解析解不具有封闭解形式，并且，有时候解的唯一性无法得到保证，确定全局最优解需求大量的计算。因此，设计有针对性且高效的非线性随机规划算法是后续的研究方向之一。

（2）多周期的模型。

本书的单周期模型对于创新型消费类电子产品或诸如此类具有短生命周期的产品而言非常适用，但对于其他具有长生命周期的产品而言，多周期的模型更加适用。而在零部件供应随机的装配系统中，多重决策变量与多个随机变量将使得多周期模型的建立与分析都变得十分复杂。

（3）响应式定价。

以往研究认为，响应式定价（即等到随机供应已被观察到后才定价）能够为决策者提供一种应对随机供应的有效工具，但其隐含着两个重要的假设：一是决策者可以零成本的代价选择响应式定价；二是响应式定价与非响应式定价两种情况下的需求一致。然而，更加合理的假设应是，响应式定价这一选择应具有相应的成本，否则所有决策者都会选择响应式定价；并且，响应式定价与非响应式定价的时机并不相同，而这将会对需求有所影响。因此，需求函数中应体现两种定价策略的不同。在这种情况下，响应式定价不一定比非响应式定价更优。未来将建立模型证明这一可能性，并给出相应的边界条件，分析什么情况下哪种策略对追求利益最大化的决策者而言更优。

参 考 文 献

[1] Muthukrishnan R. , Shulman J. . Understanding supply chain risk: a McKinsey global survey [J]. *The McKinsey Quarterly*, 2006, 9: 1 –9.

[2] Erhardt G. , Langlinais T. , Ratta V. . The call to become customer smart [J]. *Technical Report Accenture*, 2010.

[3] Fisher M. L. . What is the right supply chain for your product? [J]. *Harvard Business Review*, 1997, 75 (2): 105.

[4] Satariano A. , Yang J. . Apple iphone 5's thin display drives supply shortfall [Z]. 2012.

[5] Osawa J. , Lorraine L. . Asian suppliers of iphone components scramble to meet orders [Z]. 2012.

[6] Chen X. , Simchi-Levi D. . *Pricing and Inventory Management* [M] Oxford: Oxford University Press, 2012.

[7] Kazaz B. , Webster S. . Technical note—price-setting news-vendor problems with uncertain supply and risk aversion [J]. *Operations Research*, 2015, 4 (63): 807 –811.

[8] Zipkin P. H. . *Foundations of Inventory Management* [M]. Singapore: McGraw-Hill, 2000.

[9] Axsäter S. . *Inventory Control* [M]. New York: Springer, 2006.

［10］Simchi-Levi D. , Chen X. , Bramel J. . *Integration of Inventory and Pricing* ［M］The Logic of Logistics. New York：Springer，2014：177 - 209.

［11］李果，张祥，马士华等. 不确定交货条件下供应链装配系统订货优化与协调研究综述 ［J］. 计算机集成制造系统，2012，18（002）：369 - 380.

［12］Tang C. S. . Perspectives in supply chain risk management ［J］. *International Journal of Production Economics*，2006，103（2）：451 - 488.

［13］Gerchak Y. , Wang Y. , Yano C. A. . Lot sizing in assembly systems with random component yields ［J］. *IIE Transactions*，1994，26（2）：19 - 24.

［14］Gurnani H. , Akella R. , Lehoczky J. . Supply management in assembly systems with random yield and random demand ［J］. *IIE Transactions*，2000，32（8）：701 - 714.

［15］Henig M. , Gerchak Y. . The structure of periodic review policies in the presence of random yield ［J］. *Operations Research*，1990，38（4）：634 - 643.

［16］Yao D. D. . Optimal run quantities for an assembly system with random yields ［J］. *IIE Transactions*，1988，20（4）：399 - 403.

［17］Bollapragada S. , Thomas M. . Myopic heuristics for the random yield problem ［J］. *Operations Research*，1999，47（5）：713 - 722.

［18］Li Q. , Xu H. , Zheng S. . Periodic-review inventory systems with random yield and demand：Bounds and heuristics ［J］. *IIE Transactions*，2008，40（4）：434 - 444.

［19］He Y. , Zhang J. . Random yield risk sharing in a two-level supply chain [J]. *International Journal of Production Economics*, 2008, 112 (2): 769 – 781.

[20] Güler M. G., Keskin E.. On coordination under random yield and random demand [J]. *Expert Systems With Applications*, 2013, 40 (9): 3688.

[21] 张文杰, 骆建文. 随机产出风险下的供应链协调研究 [J]. 系统管理学报, 2013, 22 (1): 133 – 137.

[22] 赵道致, 吕昕. VMI 模式下随机产量供应链风险分担契约研究 [J]. 软科学, 2012, 26 (6): 125 – 131.

[23] Yano C. A., Lee H. L.. Lot sizing with random yields: a review [J]. *Operations Research*, 1995, 43 (2): 311 – 334.

[24] Grosfeld-Nir A., Gerchak Y.. Multiple Lotsizing in production to order with random yields: review of recent advances [J]. *Annals of Operations Research*, 2004, 126 (1): 43 – 69.

[25] DeCroix G. A.. Inventory management for an assembly system subject to supply disruptions [J]. *Management Science*, 2013, 59 (9): 2079 – 2092.

[26] Yu H., Zeng A. Z., Zhao L.. Single or dual sourcing: decision-making in the presence of supply chain disruption risks [J]. *Omega*, 2009, 37 (4): 788 – 800.

[27] Tomlin B., Wang Y.. On the value of mix flexibility and dual sourcing in unreliable newsvendor networks [J]. *Manufacturing & Service Operations Management*, 2005, 7 (1): 37 – 57.

[28] 侯晶. 供应风险下后备采购中的信息共享价值研究 [J]. 系统工程学报, 2013, 28 (5): 668 – 676.

[29] Hu X., Gurnani H., Wang L.. Managing risk of supply disruptions: Incentives for capacity restoration [J]. *Production and Op-*

erations Management, 2013, 22（1）: 137 – 150.

[30] 邵鲁生, 秦绪伟. 面向供应节点失效的供应链应急策略研究 [J]. 管理学报, 2013, 10（6）: 913 – 918.

[31] Atan Z., Snyder L. V.. *EOQ Models with Supply Disruptions* [M] //Choi T. M. Handbook of EOQ Inventory Problems. Springer, 2014: 43 – 55.

[32] Snyder L. V., Atan Z., Peng P., et al. OR/MS models for supply chain disruptions: A review [Z]. 2012.

[33] Kim C., Klabjan D., Simchi Levi D.. Optimal expediting policies for a serial inventory system with stochastic lead time [J]. *Production and Operations Management*, 2015, 24（10）: 1524 – 1536.

[34] Muthuraman K., Seshadri S., Wu Q.. Inventory Management with stochastic lead times [J]. *Mathematics of Operations Research*, 2014, 40（2）: 302 – 327.

[35] Ehrhardt R.. (s, S) Policies for a dynamic inventory model with stochastic lead time [J]. *Operations Research*, 1984, 32（1）: 121 – 132.

[36] Liberatore M. J.. Technical note—the EOQ model under stochastic lead time [J]. *Operations Research*, 1979, 27（2）: 391 – 396.

[37] Kaplan R. S.. A dynamic inventory model with stochastic lead times [J]. *Management Science*, 1970, 16（7）: 491 – 507.

[38] Dolgui A., Ben Ammar O., Hnaien F., et al. A state of the art on supply planning and inventory control under lead time uncertainty [J]. *Studies in Informatics and Control*, 2013, 22（3）: 255 – 268.

[39] Ciarallo F. W., Akella R., Morton T. E.. A periodic re-

view, production planning model with uncertain capacity and uncertain demand—optimality of extended myopic policies [J]. *Management Science*, 1994, 40 (3): 320 – 332.

[40] Güllü R.. Base stock policies for production/inventory problems with uncertain capacity levels [J]. *European Journal of Operational Research*, 1998, 105 (1): 43 – 51.

[41] Iida T.. A non-stationary periodic review production-inventory model with uncertain production capacity and uncertain demand [J]. *European Journal of Operational Research*, 2002, 140 (3): 670 – 683.

[42] Erdem A., Özekici S.. Inventory models with random yield in a random environment [J]. *International Journal of Production Economics*, 2002, 78 (3): 239 – 253.

[43] Wang Y., Gerchak Y.. Periodic review production models with variable capacity, random yield, and uncertain demand [J]. *Management Science*, 1996, 42 (1): 130 – 137.

[44] Ciarallo F. W., Niranjan S.. Properties of optimal order-up-to levels for the newsvendor problem with random capacity [J]. *International Journal of Advanced Operations Management*, 2014, 6 (4): 353 – 376.

[45] Güllü R., Nol E., Erkip N.. Analysis of an inventory system under supply uncertainty [J]. *International Journal of Production Economics*, 1999, 59 (1): 377 – 385.

[46] Yang J., Qi X., Xia Y.. A production-inventory system with Markovian capacity and outsourcing option [J]. *Operations Research*, 2005, 53 (2): 328 – 349.

[47] Yang J., Qi X., Xia Y., et al. Inventory control with Markovian capacity and the option of order rejection [J]. *European Jour-*

nal of Operational Research, 2006, 174 (1): 622 –645.

[48] Fujiwara O. , Khang D. B. . Optimality of myopic ordering policies for inventory model with stochastic supply [J]. *Operations Research*, 2000, 48 (1): 181 –184.

[49] Liu W. , Song S. , Li B. , et al. A periodic review inventory model with loss-averse retailer, random supply capacity and demand [J]. *International Journal of Production Research*, 2014: 1 –12.

[50] Dada M. , Petruzzi N. C. , Schwarz L. B. . A newsvendor's procurement problem when suppliers are unreliable [J]. *Manufacturing & Service Operations Management*, 2007, 9 (1): 9 –32.

[51] Wu M. , Zhu S. X. , Teunter R. H. . The risk-averse newsvendor problem with random capacity [J]. *European Journal of Operational Research*, 2013, 231 (2): 328 –336.

[52] Sayın F. , Karaesmen F. , Özekici S. . Newsvendor model with random supply and financial hedging: Utility-based approach [J]. *International Journal of Production Economics*, 2014, 154: 178 –189.

[53] Okyay H. K. , Karaesmen F. , Özekici S. . Hedging demand and supply risks in the newsvendor model [J]. *OR Spectrum*, 2015, 37 (2): 475 –501.

[54] Okyay H. K. , Karaesmen F. , Özekici S. . Newsvendor models with dependent random supply and demand [J]. *Optimization Letters*, 2014, 8 (3): 983 –999.

[55] Li Q. , Dong C. , Zhuang R. . Managing the newsvendor modeled product system with random capacity and capacity-dependent price [J]. *Mathematical Problems in Engineering*, 2015, 2015: 1 –10.

[56] Bollapragada R. , Rao U. S. , Zhang J. . Managing a two-stage serial inventory system under demand and supply uncertainty and

customer service level requirements [J]. *IIE Transactions*, 2004, 36: 73 – 85.

[57] Hwang J. , Singh M. R. . Optimal production policies for multi-stage systems with setup costs and uncertain capacities [J]. *Management Science*, 1998, 44 (9): 1279 – 1294.

[58] Hu X. , Duenyas I. , Kapuscinski R. . Optimal joint inventory and transshipment control under uncertain capacity [J]. *Operations Research*, 2008, 56 (4): 881 – 897.

[59] Wang Y. , Gerchak Y. . Continuous review inventory control when capacity is variable [J]. *International Journal of Production Economics*, 1996, 45 (1): 381 – 388.

[60] Hariga M. , Haouari M. . An EOQ lot sizing model with random supplier capacity [J]. *International Journal of Production Economics*, 1999, 58 (1): 39 – 47.

[61] Erdem A. S. , Fadiloglu M. M. , Özekici S. . An EOQ model with multiple suppliers and random capacity [J]. *Naval Research Logistics (NRL)*, 2006, 53 (1): 101 – 114.

[62] Moon I. , Ha B. , Kim J. . Inventory systems with variable capacity [J]. *European Journal of Industrial Engineering*, 2012, 6 (1): 68 – 86.

[63] Wang Y. , Gilland W. , Tomlin B. . Mitigating supply risk: dual sourcing or process improvement? [J]. *Manufacturing & Service Operations Management*, 2010, 12 (3): 489 – 510.

[64] 钱佳, 骆建文. 产能随机下的零售商最优订购策略 [J]. 系统管理学报, 2014, 23 (3): 351 – 358.

[65] Jain K. , Silver E. A. . The single period procurement problem where dedicated supplier capacity can be reserved [J]. *Naval Re-*

search Logistics（*NRL*），1995，42（6）：915 - 934.

［66］Babich V.. Independence of capacity ordering and financial subsidies to risky suppliers ［J］. *Manufacturing & Service Operations Management*，2010，12（4）：583 - 607.

［67］Sting F. J.，Huchzermeier A.. Operational hedging and diversification under correlated supply and demand uncertainty ［J］. *Production and Operations Management*，2014，23（7）：1212 - 1226.

［68］Kouvelis P.，Milner J.. Supply chain capacity and outsourcing decisions：the dynamic interplay of demand and supply uncertainty ［J］. *IIE Transactions*，2002，34：717 - 728.

［69］Tang C. S.，Yin R.. Responsive pricing under supply uncertainty ［J］. *European Journal of Operational Research*，2007，182（1）：239 - 255.

［70］左晓露，刘志学，施文. 随机产出与需求条件下的响应性定价策略研究 ［J］. 计算机集成制造系统，2014，20（10）：2563 - 2571.

［71］Surti C.，Hassini E.，Abad P.. Pricing and inventory decisions with uncertain supply and stochastic demand ［J］. *Asia-Pacific Journal of Operational Research*，2013，30（6）：1350030.

［72］Tang O.，Nurmaya Musa S.，Li J.. Dynamic pricing in the newsvendor problem with yield risks ［J］. *International Journal of Production Economics*，2012，139（1）：127 - 134.

［73］Li T.，Sethi S. P.，Zhang J.. Supply diversification with responsive pricing ［J］. *Production and Operations Management*，2013，22（2）：447 - 458.

［74］Li T.，Sethi S.，Zhang J.. Mitigating Supply Uncertainty：The Interplay between Diversification and Pricing ［Z］. 2014.

［75］ Yan X. , Wang Y. . On cournot competition under random yield ［J］. *Asia-Pacific Journal of Operational Research*, 2013, 30 (4): 1350001 – 1350007.

［76］ Whitin T. M. . Inventory control and price theory ［J］. *Management Science*, 1955, 2 (1): 61 – 68.

［77］ Mills E. S. . Uncertainty and Price Theory ［J］. *Quarterly Journal of Economics*, 1959, 73: 117 – 130.

［78］ Karlin S. , Carr C. R. . *Prices and Optimal Inventory Policy* ［M］// Arrow K. , Karlin S. , Scarf H. Studies in Applied Probability and Management Science. Stanford, CA. : Stanford University Press, 1962.

［79］ Zabel E. . Monopoly and uncertainty ［J］. *Review of Economic Studies*, 1970, 37: 205 – 219.

［80］ Young L. . Price, inventory and the structure of uncertain demand ［J］. *New Zealand Operations Research*, 1978, 6 (2): 157 – 177.

［81］ Polatoglu L. H. . Optimal order quantity and pricing decisions in single-period inventory systems ［J］. *International Journal of Production Economics*, 1991, 23: 175 – 185.

［82］ Petruzzi N. C. , Dada M. . Pricing and the newsvendor problem: A review with extensions ［J］. *Operations Research*, 1999: 183 – 194.

［83］ 刘玉霜, 张纪会, 王丽丽. 两种需求模式下报童模型的最优定价—订购联合决策 ［J］. 控制与决策, 2013, 28 (9): 1419 – 1422.

［84］ Yao L. , Chen Y. F. , Yan H. . The newsvendor problem with pricing: Extensions ［J］. *International Journal of Management Science and Engineering Management*, 2006, 1 (1): 3 – 16.

[85] Kocabıyıkoǧlu A. , Popescu I. An elasticity approach to the newsvendor with price-sensitive demand [J]. *Operations Research*, 2011, 59 (2): 301 – 312.

[86] 张菊亮, 章祥荪, 王耀球. 一般需求函数下报童模型的定价与库存控制 [J]. 系统工程理论与实践, 2008, 28 (9): 20 – 28.

[87] Raz G. , Porteus E. . A fractiles perspective to the joint price/quantity newsvendor model [J]. *Management Science*, 2006, 52 (11): 1764 – 1777.

[88] Li Q. , Atkins D. . On the effect of demand randomness on a price/quantity setting firm [J]. *IIE Transactions*, 2005, 37 (12): 1143 – 1153.

[89] Xu M. , Chen Y. F. , Xu X. . The effect of demand uncertainty in a price-setting newsvendor model [J]. *European Journal of Operational Research*, 2010, 207 (2): 946 – 957.

[90] Agrawal V. , Seshadri S. . Impact of uncertainty and risk aversion on price and order quantity in the newsvendor problem [J]. *Manufacturing and Service Operations Management*, 2000, 2 (4): 410 – 423.

[91] Chen X. , Sim M. , Simchi-Levi D. , et al. Risk aversion in inventory management [J]. *Operations Research*, 2007, 55 (5): 828 – 842.

[92] Chen Y. F. , Xu M. , Zhang Z. G. . Technical note—a risk-averse newsvendor model under the CVaR criterion [J]. *Operations Research*, 2009, 57 (4): 1040 – 1044.

[93] Dai J. , Meng W. . A risk-averse newsvendor model under marketing-dependency and price-dependency [J]. *International Journal*

of Production Economics, 2015, 160 (Feb.): 220 – 229.

[94] B. Kazaz, S. Webster. The impact of yield-dependent trading costs on pricing and production planning under supply uncertainty [J]. *Manufacturing & Service Operations Management*, 2011, 13 (3): 404 – 417.

[95] Eskandarzadeh S., Eshghi K., Yazdi M., et al. Production planning problem with pricing under random yield: CVaR criterion [J]. *Journal of Systems Science & Systems Engineering*, 2014, 23 (3): 312 – 328.

[96] Xu M., Lu Y.. The effect of supply uncertainty in price-setting newsvendor models [J]. *European Journal of Operational Research*, 2013, 227 (3): 423 – 433.

[97] Birge J. R., Drogosz J., Duenyas I.. Setting single-period optimal capacity levels and prices for substitutable products [J]. *International Journal of Flexible Manufacturing Systems*, 1998, 10 (4): 407 – 430.

[98] Aydin G., Porteus E. L.. Joint inventory and pricing decisions for an assortment [J]. *Operations Research*, 2008, 56 (5): 1247 – 1255.

[99] Maddah B., Bish E.. Joint pricing, assortment, and inventory decisions for a retailer's product line [J]. *Naval Research Logistics*, 2007, 54 (3): 315 – 330.

[100] Shi J., Zhang G., Sha J.. Jointly pricing and ordering for a multi-product multi-constraint newsvendor problem with supplier quantity discounts [J]. *Applied Mathematical Modelling*, 2011, 35 (6): 3001 – 3011.

[101] Chen J., Bell P. C.. The impact of customer returns on

pricing and order decisions [J]. *European Journal of Operational Research*, 2009, 195 (1): 280 – 295.

[102] 张霖霖，姚忠. 考虑顾客退货时在线企业的定价与订货策略 [J]. 管理科学学报, 2013, 16 (6): 10 – 21.

[103] Serel D. A.. Production and pricing policies in dual sourcing supply chains [J]. *Transportation Research Part E: Logistics and Transportation Review*, 2015, 76: 1 – 12.

[104] Khouja M. J.. Optimal ordering, discounting, and pricing in the single-period problem [J]. *International Journal of Production Economics*, 2000, 65 (2): 201 – 216.

[105] Jammernegg W. , Kischka P.. The price-setting newsvendor with service and loss constraints [J]. *Omega*, 2013, 41 (2): 326 – 335.

[106] Deng S. , Yano C. A.. Joint production and pricing decisions with setup costs and capacity constraints [J]. *Management Science*, 2006, 52 (5): 741 – 756.

[107] Chen X. , Simchi-Levi D.. Coordinating inventory control and pricing strategies with random demand and fixed ordering cost [J]. *Manufacturing & Service Operations Management*, 2003, 5 (1): 59 – 62.

[108] Huh W. , Janakiraman G.. (s, S) Optimality in joint inventory-pricing control: an alternate approach [J]. *Operations Research*, 2008, 56 (3): 783 – 790.

[109] Chen X. , Simchi-Levi D.. Coordinating inventory control and pricing strategies with random demand and fixed ordering cost: the finite horizon case [J]. *Operations Research*, 2004, 52 (6): 887 – 896.

[110] Polatoglu H. , Sahin I.. Optimal procurement policies under price-dependent demand [J]. *International Journal of Production Economics*, 2000, 65 (2): 141 – 171.

[111] Elmaghraby W. , Pinar K.. Dynamic pricing in the presence of inventory considerations: research overview, current practices, and future directions [J]. *Management Science*, 2003, 49 (10): 1287 – 1309.

[112] Chan L. M. , Shen Z. M. , Simchi-Levi D. , et al. *Coordination of Pricing and Inventory Decisions: A Survey and Classification* [M] //Simchi-Levi D. , Wu S. D. , Shen Z. Handbook of Quantitative Supply Chain Analysis. New York: Springer US, 2004: 335 – 392.

[113] Yano C. A. , Gilbert S. M.. *Coordinated Pricing and Production/Procurement Decisions: A review* [M]. Springer, 2005: 65 – 103.

[114] Schmidt C. P. , Nahmias S.. Optimal policy for a two-stage assembly system under random demand [J]. *Operations Research*, 1985, 33 (5): 1130 – 1145.

[115] Rosling K.. Optimal inventory policies for assembly systems under random demands [J]. *Operations Research*, 1989, 37 (4): 565 – 579.

[116] Clark A. J. , Scarf H.. Optimal policies for a multi-echelon inventory problem [J]. *Management Science*, 1960, 6 (4): 475 – 490.

[117] Chen F. , Zheng Y.. Lower bounds for multi-echelon stochastic inventory systems [J]. *Management Science*, 1994, 40 (11): 1426 – 1443.

[118] de Kok A. G. , Visschers J. W. C. H.. Analysis of assem-

bly systems with service level constraints [J]. *International Journal of Production Economics*, 1999, 59: 313 – 326.

[119] DeCroix G. A., Zipkin P. H.. Inventory management for an assembly system with product or component returns [J]. *Management Science*, 2005, 51 (8): 1250 – 1265.

[120] Angelus A., Porteus E.. An asset assembly problem [J]. *Operations Research*, 2008, 56 (3): 665 – 680.

[121] Huh W. T., Janakiraman G.. Base-stock policies in capacitated assembly systems: convexity properties [J]. *Naval Research Logistics*, 2009, 57 (2): 109 – 118.

[122] Angelus A., Zhu W.. On the structure of capacitated assembly systems [J]. *Operations Research Letters*, 2012, 41: 19 – 26.

[123] Gurnani H., Akella R., Lehoczhy J.. Optimal order policies in assembly systems with random demand and random supplier delivery [J]. *IIE Transactions*, 1996, 28 (11): 865 – 878.

[124] Bollapragada R., Rao U. S., Zhang J.. Managing inventory and supply performance in assembly systems with random supply capacity and demand [J]. *Management Science*, 2004, 50 (12): 1729 – 1743.

[125] Bollapragada R., Kuppusamy S., Rao U. S.. Component procurement and end product assembly in an uncertain supply and demand environment [J]. *International Journal of Production Research*, 2015, 53 (3): 969 – 982.

[126] Pan W., So K. C.. Technical note—optimal product pricing and component production quantities for an assembly system under supply uncertainty [J]. *Operations Research*, 2010, 58 (6): 1792 – 1797.

［127］Benjaafar S. , ElHafsi M. , Lee C. , et al. Optimal control of an assembly system with multiple stages and multiple demand classes ［J］. *Operations Research*, 2011, 59（2）: 522 – 529.

［128］Elhafsi M. , Camus H. , Craye E. . Optimal control of a nested-multiple-product assemble-to-order system ［J］. *International Journal of Production Research*, 2008, 46（19SI）: 5367 – 5392.

［129］Benjaafar S. , Elhafsi M. . Production and inventory control of a single product assemble-to-order system with multiple customer classes ［J］. *Management Science*, 2006, 52（12）: 1896 – 1912.

［130］Ceryan O. , Duenyas I. , Koren Y. . Optimal control of an assembly system with demand for the end-product and intermediate components ［J］. *IIE Transactions*, 2012, 44（5）: 386 – 403.

［131］Pang Z. . Optimal control of a single-product assemble-to-order system with multiple demand classes and backordering ［J］. *IEEE Transactions on Automatic Control*, 2015, 60（2）: 480 – 484.

［132］Fu K. , Hsu V. N. , Lee C. Y. . Inventory and production decisions for an assemble-to-order system with uncertain demand and limited assembly capacity ［J］. *Operations Research*, 2006, 54（6）: 1137 – 1150.

［133］郭佳, 傅科, 陈功玉. 可变产能的按订单装配系统库存和生产决策研究 ［J］. 中国管理科学, 2012, 20（3）: 94 – 103.

［134］Chu C. , Proth J. M. , Xie X. . Supply management in assembly systems ［J］. *Naval Research Logistics（NRL）*, 1993, 40（7）: 933 – 949.

［135］Yao Z. , Simchi-Levi D. . Performance analysis and evaluation of assemble-to-order systems with stochastic sequential lead times ［J］. *Operations Research*, 2006, 54（4）: 706 – 724.

[136] Song J. S., Xu S. H., Liu B.. Order-fulfillment perform-ance measures in an assemble-to-order system with stochastic leadtimes [J]. *Operations Research*, 1999, 47 (1): 131 – 149.

[137] Song J. S., Zipkin P.. *Supply Chain Operations*: *Assemble-to-Order Systems* [M] //de Kok A. G., Graves S. C. Handbooks in Operations Research and Management Science. North-Holland: 2003: 561 – 596.

[138] 肖勇波，陈剑，吴鹏. 产能和需求不确定情形下 ATO 系统最优库存和生产决策研究 [J]. 中国管理科学，2007, 15 (5): 56 – 64.

[139] Xiao Y., Chen J., Lee C.. Optimal decisions for assem-ble-to-order systems with uncertain assembly capacity [J]. *International Journal of Production Economics*, 2010, 123 (1): 155 – 165.

[140] Oh S., Sourirajan K., Ettl M.. Joint pricing and produc-tion decisions in an assemble-to-order system [J]. *Manufacturing & Service Operations Management*, 2014, 16 (4): 529 – 543.

[141] Feng Y., Ou J., Pang Z.. Optimal control of price and production in an assemble-to-order system [J]. *Operations Research Let-ters*, 2008, 36: 506 – 512.

[142] 徐贤浩，宋奇志. 改进 BASS 模型应用于短生命周期产品需求预测 [J]. 工业工程与管理，2007, 12 (5): 27 – 31.

[143] Wang Y.. Joint pricing-production decisions in supply chains of complementary products with uncertain demand [J]. *Operations Research*, 2006, 54 (6): 1110 – 1127.

[144] Pievatolo A.. *System Downtime Distributions* [M]. John Wiley and Sons, Inc., 2008.

[145] Lim W. S., Tang C. S.. Advance selling in the presence

of speculators and forward-looking consumers [J]. *Production and Operations Management*, 2013, 22 (3): 571 –587.

[146] Dean J.. Pricing policies for new products [J]. *Harvard Business Review*, 1976, 54 (Nov-Dec): 141 –153.

附录 A

主要符号表

本书中所用主要符号及所代表意义如下表所示:

符　　号	代表意义
D	一般化的最终产品市场需求
$Q(\cdot)$	D 为不确定时 D 的累积分布函数
$q(\cdot)$	D 为不确定时 D 的概率分布函数
p	最终产品市场售价
$D(p)$	确定性且价格依赖的需求
$D(p,\epsilon)=\epsilon y(p)$	不确定且价格依赖的乘法式需求
K_i	零部件 $i=1,\cdots,n$ 的随机产能
$F_i(\cdot)$	K_i 的累积分布函数
$f_i(\cdot)$	K_i 的概率分布函数
K_0	不确定的组装产能
$F_0(\cdot)$	K_0 的累积分布函数
$f_0(\cdot)$	K_0 的概率分布函数
x_i	零部件 $i=1,\cdots,n$ 的初始库存
x_0	最终产品初始库存
u_i	零部件 $i=1,\cdots,n$ 的订购量
Δ_i	零部件 $i=1,\cdots,n$ 的目标库存（$\Delta_i=u_i+x_i$）
w_i	零部件 $i=1,\cdots,n$ 的批发单价或购入单价
A_i	装配商订购后拥有的零部件 i 的数量，$A_i=u_i\wedge K_i+x_i$
u_0	装配商计划组装的最终产品数量
Δ_0	装配商计划的最终产品目标库存（$\Delta_0=u_0+x_0$）
c_0	单位组装成本
h_0	销售季后剩余的最终产品的处理成本
h_i	销售季后剩余的零部件 i 的处理成本
b	单位最终产品的缺货惩罚

附录 B

部分命题的数学证明

命题 9 的证明：根据命题 8 与性质 2，当 $p < \hat{p}$ 时，装配商的期望利润可写为关于价格的一维函数：

$$\prod(\hat{u}_p, p) = E\left[p\min\{\hat{u}_p, K\} - \sum_{i=1}^{n} w_i \min\{\hat{u}_p, K_i\}\right] \quad (\text{B.1})$$

其一阶导数为：

$$\frac{\mathrm{d}\prod(\hat{u}_p, p)}{\mathrm{d}p} = E[\min\{\hat{u}_p, K\}] + \left[p\overline{F}(\hat{u}_p) - \sum_{i=1}^{n} w_i \overline{F}_i(\hat{u}_p)\right]\frac{\mathrm{d}\hat{u}_p}{\mathrm{d}p}$$

$$= E[\min\{\hat{u}_p, K\}] > 0 \quad (\text{B.2})$$

其中第二个等号是根据 $\hat{u}_p$ 的定义而得。因此应有 $p^* \geqslant \hat{p}$，从而装配商的问题可写为：

$$\max_{p \geqslant \hat{p}} \prod(D(p), p) = E\left[p\min\{D(p), K\} - \sum_{i=1}^{n} w_i \min\{D(p), K_i\}\right]$$

$$(\text{B.3})$$

其一阶导数为：

$$\frac{\mathrm{d}\prod(D(p), p)}{\mathrm{d}p} = E[\min\{D(p), K\}]$$

$$+ \left[p\overline{F}(D(p)) - \sum_{i=1}^{n} w_i \overline{F}_i(D(p))\right]D'(p)$$

$$(\text{B.4})$$

根据性质 2，有 $L(D(\hat{p}), \hat{p}) = 0$，因此 $\mathrm{d}\prod(D(\hat{p}), \hat{p})/\mathrm{d}p = E[\min\{D(\hat{p}), K\}] > 0$，故 $p^* \geqslant \hat{p}$。再求二阶导数得：

$$\frac{\mathrm{d}^2\prod(D(p), p)}{\mathrm{d}p^2} = 2\overline{F}(D(p)) D'(p)$$

$$+ \left[\sum_{i=1}^{n} w_i f_i(D(p)) - pf(D(p)) \right] \left[D'(p) \right]^2$$

$$+ \left[p\bar{F}(D(p)) - \sum_{i=1}^{n} w_i \bar{F}_i(D(p)) \right] D''(p)$$

$$(B.5)$$

根据式（4.5），可知 $L(D(p),p)$ 是关于 p 的增函数。故当 $p > \hat{p}$ 时，有：

$$p\bar{F}(D(p)) - \sum_{i=1}^{n} w_i \bar{F}_i(D(p)) = \bar{F}(D(p)) L(D(p),p) \geqslant 0$$

$$(B.6)$$

并且，对 $i = 1, \cdots, n$，有：

$$p\prod_{j \neq i} \bar{F}_j(D(p)) - w_i = \frac{p\bar{F}(D(p)) - w_i \bar{F}_i(D(p))}{\bar{F}_i(D(p))} \geqslant 0 \quad (B.7)$$

又因为 $f(x) = \sum_{i=1}^{n} f_i(x) \prod_{j \neq i} \bar{F}_j(x)$，从而有：

$$\sum_{i=1}^{n} w_i f_i(D(p)) - pf(D(p)) =$$

$$(B.8)$$

$$- \left\{ \sum_{i=1}^{n} \left[p\prod_{j \neq i} \bar{F}_j(D(p)) - w_i \right] f_i(D(p)) \right\} \leqslant 0$$

因此，若 $\forall p \geqslant \hat{p}$，$D''(p) \leqslant 0$，则根据式（B.7）与式（B.8）可知在 $p \geqslant \hat{p}$ 区域内有 $\mathrm{d}^2 \prod(D(p),p)/\mathrm{d}p^2 \leqslant 0$，并且 $\mathrm{d}\prod(D(\hat{p}),\hat{p})/\mathrm{d}p > 0$，故此时 p^* 是一阶条件的唯一解；否则，一阶条件式（4.6）在 $p \geqslant \hat{p}$ 区域内可能有多个解，但因为 $\lim_{p \to \infty} D(p) = 0$，故其只能有若干有限解，再根据 $\mathrm{d}\prod(D(\hat{p}),\hat{p})/\mathrm{d}p > 0$，可知 p^* 是这些解中大于 $\hat{p}$ 的某一个。

性质 5 的证明： 因在最优解处总有 $\mathrm{d}^2 \prod(u^*(p^*),p^*)/\mathrm{d}p^2 < 0$，故可对等式（4.6）运用隐函数求导法则考察 p^* 关于 w_i 的单调性，即由：

$$\frac{\partial p^*}{\partial w_i} = - \frac{\dfrac{\partial^2 \prod(u^*(p^*),p^*)}{\partial p \partial w_i}}{\dfrac{\mathrm{d}^2 \prod(u^*(p^*),p^*)}{\mathrm{d}p^2}} > 0$$

前半部分得证。对 $i=1$，$\cdots$，n，令 $w_{i1}<w_{i2}$，并记 $\prod_{il}(p)$ 与 $\hat{p}_{il}$ 为 $w_i=w_{il}$ 时（其他不变）装配商的利润函数与价格门槛，$l=1$，2。另记 $p_{il}^*=\mathrm{argmax}\prod_{il}(p)$，则易知 $\prod_{i1}(p_{i1}^*)>\prod_{i1}(p_{i2}^*)$。由定义可知 $p_{i2}^*>\hat{p}_{i2}>\hat{p}_{i1}$。因此，对等式（B.3）中的 $\prod(p)$ 关于 w_i 求导得 $\partial\prod(p)/\partial w_i<0$，故 $\prod_{i1}(p_{i2}^*)>\prod_{i2}(p_{i2}^*)$。综合可得 $\prod_{i1}(p_{i1}^*)>\prod_{i2}(p_{i2}^*)$。

命题 10 的证明：将式（4.7）展开得：

$$\prod(u,p)=p\Big[\int_u^\infty f(k)\int_{\frac{u}{y(p)}}^C\phi(v)udvdk+\int_0^u f(k)\int_{\frac{u}{y(p)}}^C\phi(v)kdvdk$$

$$+\int_B^{\frac{u}{y(p)}}\phi(v)\int_0^{vy(p)}f(k)kdkdv+\int_B^{\frac{u}{y(p)}}\phi(v)\int_u^\infty f(k)vy(p)dkdv$$

$$+\int_0^u f(k)\int_B^{\frac{k}{y(p)}}\phi(v)vy(p)dvdk\Big]$$

$$-\sum_{i=1}^n w_i\Big[\int_u^\infty f_i(k)udk+\int_0^u f_i(k)kdk\Big]$$

对其求偏导有：

$$\frac{\partial\prod(u,p)}{\partial u}=p\int_u^\infty f(k)\int_{\frac{u}{y(p)}}^C\phi(v)dvdk-\sum_{i=1}^n w_i\,\bar{F}_i(u)$$

$$=p\,\bar{F}(u)\,\bar{\Phi}\Big(\frac{u}{y(p)}\Big)-\sum_{i=1}^n w_i\,\bar{F}_i(u)$$

$$=\bar{F}(u)\Big[p\,\bar{\Phi}\Big(\frac{u}{y(p)}\Big)-\sum_{i=1}^n w_i/\prod_{j\neq i}\bar{F}_j(u)\Big]$$

$$\equiv\bar{F}(u)\hat{L}(u,p)$$

$u^*(p)$ 为一阶条件 $\partial\prod(u,p)/\partial u=0$ 的解。因为 $\bar{F}(u)>0$，故 $\partial\prod(u,p)/\partial u$ 与 $\hat{L}(u,p)$ 同号。而 $\hat{L}(u,p)$ 为关于 u 的单调减函数，因此，对 $u\leqslant u^*(p)$，$\partial\prod(u,p)/\partial u\geqslant0$，对 $u\geqslant u^*(p)$，$\partial\prod(u,p)/\partial u\leqslant0$，所以 $u^*(p)$ 是一阶条件的唯一解，也是 $\prod(u,p)$ 的最大值解。又因 $\hat{L}(0,p)=p-\sum_i^n w_i\geqslant0$，$\hat{L}(\infty,p)=-\infty$，故应有 $u^*(p)\geqslant0$，

即 $u^*(p)$ 是一阶条件的唯一且有限解。

命题 11 的证明：对 $\prod(u,p)$ 求偏导有：

$$\frac{\partial \prod(u,p)}{\partial p} = \mathrm{E}[\min\{u,K,\epsilon y(p)\}] + p\frac{\partial \mathrm{E}[\min\{u,K,\epsilon y(p)\}]}{\partial p}$$

令

$$H(u,p) \equiv \frac{\partial \mathrm{E}[\min\{u,K,\epsilon y(p)\}]}{\partial p}$$

$$= y'(p)\left[\int_B^{\frac{u}{y(p)}}\phi(v)\int_u^\infty f(k)vdkdv + \int_0^u f(k)\int_B^{\frac{k}{y(p)}}\phi(v)vdvdk\right]$$

其代表销售量对价格的反应，再令：

$$\bar{H}(u,p) \equiv \int_B^{\frac{u}{y(p)}}\phi(v)\int_u^\infty f(k)vdkdv + \int_0^u f(k)\int_B^{\frac{k}{y(p)}}\phi(v)vdvdk$$

则 $H(u,p) = y'(p)\bar{H}(u,p)$，其关于价格的导数为：

$$\frac{\partial H(u,p)}{\partial p} = y''(p)\bar{H}(u,p) - \frac{[y'(p)]^2}{[y(p)]^3}\left[\phi\left(\frac{u}{y(p)}\right)u^2\bar{F}(u)\right.$$

$$\left. + \int_0^u f(k)\phi\left(\frac{k}{y(p)}\right)k^2\mathrm{d}k\right]$$

因此有：

$$\frac{\partial^2 H(u,p)}{\partial p^2} = 2H(u^*(p),p) + p\frac{\partial H(u,p)}{\partial p} = [2y'(p) + py''(p)]\bar{H}(u,p)$$

$$- \frac{p[y'(p)]^2}{[y(p)]^3}\left[\phi\left(\frac{u}{y(p)}\right)u^2\bar{F}(u) + \int_0^u f(k)\phi\left(\frac{k}{y(p)}\right)k^2\mathrm{d}k\right]$$

因为 $py(p)$ 为关于 p 的凹函数，所以 $2y'(p) + py''(p) = \mathrm{d}^2[py(p)]/\mathrm{d}p^2 \leq 0$，故 $\partial^2\prod(u,p)/\partial p^2 \leq 0$，即 $\prod(u,p)$ 是关于 p 的凹函数，从而 $\partial\prod(u,p)/\partial p = 0$ 存在唯一解 $\hat{p}(u)$。由于可行价格必须大于等于 $\sum_{i=1}^n w_i$，故根据凹函数性质易知 $p^*(u)$ 如命题所述。